금강삼매경 소(疏)

금강삼매경 소(疏)

우승택 저

샤크라깡의 + 한을 풀다!

불교시대사

1% 나눔의 기쁨

머리말

이 경은 비교적 짧지만, 마지막 장에서 부처님 자신이 명확하게 설명했듯이 모든 경전은 아니더라도 많은 경전의 본질을 포괄하고 있습니다. 이 경은 말 그대로 모든 것을 의미하는 '다르마법'의 원리를 설명합니다.

영적인 길을 걷는 사람에게는 깨달음으로 이어지지 않는 것에 대한 결정적인 견해를 제공합니다.

이 경은 모든 이원적 사고를 초월하는 영적 길을 따르는 모든 추종자들에게 탁월한 동반자 텍스트이지만, 모든 진지한 영적 구도자들에게도 나침반 역할을 할 수 있습니다.

이 경전은 보석으로 가득 차 있기 때문에 초심자가 최대한의 혜택을 얻으려면 자주 명상하면서 천천히 읽어야 합니다.

부처님의 영적 성취에 익숙하지 않은 독자들은 첫 장에서 언급된 엄청난 규모의 청중이 소설을 부끄럽게 만들 수 있다는 사실에 당황할 수 있습니다.

그러나 책을 읽다 보면 부처님이 이원성(二元性)을 뛰어넘는 인류 최초의 스승이라는 사실을 깨닫는 것은 어렵지 않을 것입니다.

그러나 푸딩의 맛은 먹어보아야 알듯이, 이 경전에서 설명하는 것을 개인적인 수행과 실험을 통해 실천하는 것입니다.

번역을 완성하는 데 어떤 식으로든 도움을 준 친구들, 특히 교정을 맡은 마틴 웅에게 감사를 표합니다. 모든 순간순간이 행복하길 바랍니다.

2023년 동안거 해제를 마치고

쟈크 라깡의 한을 풀다! 금강삼매경 소(疏)

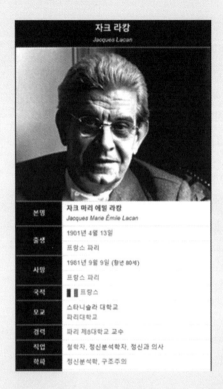

진보 진영의 머리 '쟈크 라깡'은 인간의 존재를 설명하기 위해

1〉 (1과 -1)을 사용했다.
2〉 허수 (i)를 사용했다
3〉 ($\frac{1}{n}$)을 사용했다. (-1) ∧ (1/2)
4〉 그러나 (0)을 정확히 몰랐다.
5〉 자연(e)를 연구대상에 넣지 않았다.
6〉 인간을 탐구한다면서 (兀)를 사용하지 않았다.

〈부처님 오도송〉의 욕망

태어남이 무엇일지 몰라
다생 동안 윤회에 헤매 일 때
집 짓는 자를 찾을 수 없어
나는 수없이 다시 태어나야 했고
나는 너를 알지 못했노라.

그러나 나는 이제 너의 정체를 알아
너의 집은 부수어지고
기둥들도 무너지고 서까래와 대들보도
모두 해체되었으니
너는 다시 집을 짓지 못하리라!

집짓는 자여!
너의 이름은 '욕망'이었노라.

이 경의 해설에 앞서…

1. (i) 라는 수식기호는 볼 수 없는 것을 보려고, 사람들의 생각이 만든 [실체 없는 상상의 수(數)]를 말한다.

2. (e) 라는 수식기호는 세상과 우주와 자연이 숫자로 이루어졌다고 믿고 [삼라만상 총 숫자의 이미지 – 상(相)]기호다.

3. (π) 는 [파이]라는 이름으로 알려져 있지만, 3차원 사람들이 자신들이 만들 수는 있지만, 결코 숫자로 표시할 수 없기에, [계산 할 수 없는 것을 계산하기위해 만든 이미지 – 상(相)]기호다.

4. 성품을 알기 위한 『금강삼매경』에는 수식 기호 2개가 더 필요하다.

[$\lim_{n \to 0}$] 와 [$\int_0^\infty$ 돌리체세포] 다.

계산할 필요가 없는 기호가 딱 2 가지 더 있다.

지옥에 가면 한국 학생들을 수포자 (수학 포기자)로 만든 죄인들이
쉴 틈 없이 매를 맞고 있을 것이다.

복제양 돌리를 만들기 위해 그 불쌍한 양 돌리를 수없이 쪼개어
돌리의 세포를 얻는다! 라는 말이 '미분'이라는 말이고

돌리의 체세포를 다시 새로이 쌓아서 복제한 돌리를 만들 때까지
쌓고 또 쌓겠다는 말이 '적분'인데

자신들도 모르는 것을 가지고
남 가르친다고 돈까지 받고 점수까지 매기는 수학 선생님이라는
분들이시다.

목차

Chapter One

문제를
제기하시며

法界(법계) 불여(不如) 世界(세계)

〈천산(天算) 불여(不如) 인산(人算)〉 - 하늘의 계산은 사람의 계산과 같지 않다. 왜 그럴까? 법계(法界)는 세계(世界)와 다르기 때문이다.

세계의 시작인 (1)은 (0)에서 나와서, 언젠가 그 (1)은 다시 (0)으로 긴긴 여행을 마친다고 생각하는 것은 소승적 발상이다. 그들은 세계만 안다.

세계의 시작인 (1)은 분명 (0)에서 나왔지만, 대승의 가르침의 (0)은 거대한 나무의 뿌리와 같다. 그리하여 대승은 건강한 (0)의 뿌리에서 (1)의 몸통, (2)의 가지, (3)의 꽃, (4)의 잎, (5)의 열매, (6,7,8)의 향기, 맛, 느낌 그리고 (9)의 씨앗의 운용을 아우르는 (0과 1)이 원융한 법계의 진실을 말한다.

법계와 세계를 관통하는 여래의 메트릭스 (matrix)는 $(e^{i}+1=0)$이다.

저 메트릭스가 완성되려면 $(_e i)$가 (-1)이 되기만 하면 된다는 것은 누구나 알 수 있다. 그렇다면 인간과 신들의 세계인 삶과 죽음 즉 '생멸(生滅)의 식'이라고 오해해서는 안 된다.

그 이유는 $(_e i)$가 생각의 $\langle i\,(\text{Imaginary})\rangle$ 그리고 상(Image)의 (i)를 품고 있기 때문이다. 허상(虛想)이자, 허수(虛數)인 (i)덕택으로 우리는 '화엄삼매'의 (1)이 '해인삼매'의 (0)과 원융한 법계의 살림살이 즉 하늘 계산법인 천산(天算)을 알게 될 것이다.

또한 우리는 (1)에서 (0)이라는 법계의 뿌리로 가기위해 최대공약수 (GCM : Great Common Measures)라는 디딤돌이 필요하다. 또 마찬가지로 (1)의 우리가 희망과 욕망의 이름으로 세계에서 구하고 바라는 것을 이루기 위해서도 최소공배수 (LCM: Least Common Multiples)는 징검다리가 필요한 것이다.

많은 이들이 이 경전을 만난 인연의 힘으로 자신과 세상에게 많은 이익을 줄 수 있는 부처의 지혜를 갖게 될 것이다.

1. 시작하며 – 서품

$$e^{i\pi} + 1 = 0$$

위 식은 '오일러의 등식'이라고 한다. 『금강삼매경』의 꽃이기도 하며, 이 책의 전반에 걸쳐 차례차례 화엄사상과 인간을 중심으로 하는 신 르네쌍스의 초석이 될 철학이기도 하다

레온하르트 오일러(독일어: Leonhard Euler, 1707년 4월 15일 ~ 1783년 9월 18일)는 스위스 바젤에서 태어난 사람이다. 그는 전생에 존재의 실상을 수행했던 수행자였다. 그러나 그는 존재의 실상을 쪼개어 분석해보려는 경향이 있었다. 부처님은 그 때 그러한 수행자를 '석공(析空)아라한'이라고 했다. 서양 과학세계의 전 세계의 수학자, 물리학자, 천문학자, 논리학자, 공학자들의 전생은 대부분 석공(析空)아라한 이었으며 오일러아라한 또한 그렇다고 생각한다.

서품 1-1

如是我聞 (여시아문): 이와 같이 나는 들었습니다.

一時 (일시): 기원전 483년 무렵

佛 (불): 부처님께서

在王舍大城 (재왕사대성): 사위대성의

耆闍崛山中 (기사굴산중): 기사굴산에서

與大比丘衆 (여대비구중): 비구, 비구니 수행자 등

一萬人俱 (일만인구): 1만 명과 함께 계실 때였다.

皆得阿羅漢道 (개득아라한도): 그들은 '모든 법(法)이 공(空) 혹은 엉(零 - 0)'이라는, '아라한 도'를 얻은 분들이었으니,

其名曰 (기명왈): 그 자리에 모인 아라한들의 이름은

舍利弗 (사리불): 사리불,

大目犍連 (대목건련): 목련존자

須菩提 (수보리): 수보리 같은 분들로서

如是衆等 (여시중등): 그 날 그 곳에 함께 한 청중들은

阿羅漢 (아라한): 모든 '존재의 실상'을 깨우친 아라한 경지에 오른 분들이었다.

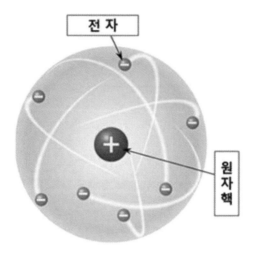

전 자

원 자 핵

과학자들, 즉 공(空)을 분석해서 알려고 했던 석공 아라한들이 생각했던 공(空)의 모습

서품 1-2

復有 (부유): 또한 눈에 보이지 않는 몸을 가진 청중들이 또 있었는데

菩薩摩訶薩 (보살마하살): 일체의 모든 존재들을 보살피겠다는 마음을 가진

二千人俱 (이천인 구): 그러한 보살마하살 2천 명도 함께 계셨다.

其名曰 (기명왈): 그 분들의 이름은

解脫菩薩 (해탈 보살): 모든 생각과 감정에서 벗어난 해탈 보살

心王菩薩 (심왕 보살): 자기 마음의 주인이자 왕이 된 심왕 보살

無住菩薩 (무주 보살): 마음의 바깥 경계에 머물지 않는 무주 보살

如是等菩薩 (여시등보살): 이와 같은 모든 존재와 법이 다 마치 원자 구조의 공간처럼

터~~엉 빈 공(空)임에도 불구하고, 공(空)을 다루고 만질 줄 아는 대보살들이었다.

(0) 과 (1) 사이에 존재하는 모든 숫자의 개수는

(1)과 (∞) 사이에 존재하는 모든 숫자의 개수가 같다!

서품 1-3

復有長者 (부유장자): 또 보이지 않는 세계와 보이는 세계의 실상을 다 아는

八萬人俱 (팔만인구): 세간에서도 출세간에서도 큰 성공과 부(富)를 이룬 8만여 장자들이 그 청중들 사이에 있었는데

其名曰 (기명왈): 이름은

梵行長者 (범행장자): 하늘의 행위를 하는 범행(梵行) 장자,

大梵行長者 (대범행장자): 더 크고 큰 모든 하늘의 행을 하는 대범
행 장자

樹提長者 (수제장자): 큰 덕 쌓기를 좋아하는 수제장자 등으로서

如是等長者 (여시등장자): 모두 물질세계에서도, 범천의 하늘에서
도 큰 성공을 거둔 존경받는 장자들이었다.

$$1^n < (1 + \frac{1}{n})^n < 2^n$$

모든 부처님의 가르침은 우리가 생각하는 우리는 하나 (1)도
아니지만, 둘 (2)도 아니라고 하셨다. 그러면 하나와 둘 사이에
는 무엇이 있는 것일까?

사람들이 생각하는 신들이다. 조상 신(神) 뿐만이 아니고, 자신
의 전생 신(神)과 내생 신(神)이기도 하며, 부처님은 '구생 신(俱
生神) – 몸 받아 나올 때 같이 태어나는 신' 이라고 하셨다.

서품 1-4

復有天 (부유 천): 모든 중생을 도우며 부지런히 조복하여 해탈케

하는 천왕들

龍 (용): 구름을 일으키고 비를 내려 모든 중생들로 하여금 번뇌를 소멸하게 하는 용왕들

夜叉 (야차): 온갖 세간의 넓고 큰 사업을 일으키는 이들을 보호하려는 야차들

乾闥婆 (건달바): 큰 법에 깊은 신심을 내고 환희하고 존중하며 부지런히 닦고 게으르지 않은 건달바 왕들

阿修羅 (아수라): 모두 부지런히 정진하여 아만과 번뇌를 항복 받은 아수라 왕들.

迦樓羅 (가루라): 큰 방편의 힘을 성취하고 모든 중생들을 잘 구호하여 붙들어 주는 가루라 왕들.

緊那羅 (긴나라): 온갖 법을 관찰하고 마음이 항상 쾌락하여 자재하게 유희하는 긴나라 왕들.

摩睺羅伽 (마후라가): 넓고 큰 방편을 부지런히 닦아 중생들로 하여금 어리석은 그물을 영원히 끊게 하는 마후라가 왕들.

人非人等 (인비인등): 모두 걸림 없는 법문을 부지런히 닦아 큰 광명을 놓는 사람인 것도 같고, 아닌 것도 같은 유체의 존재인 여러 왕들

六十萬億 (육십만억): 그렇게 부처님 법을 들으러 모인 60만억이나 되는 청중들이 있었다.

부처님은 설(說) 불가설(不可說), 견(見) 불가견(不可見), 성(成) 불가성(不可成) 즉
부처님은 〈말할 수 없는 것〉을 말씀하시어, 〈볼 수 없던 것〉을 보게 하시고 〈이룰 수 없던 것〉을 이루게 하신다. 대표적인 것이 『금강경』의 〈제상비상 즉견여래〉로 〈보이지 않는 여래〉를 〈볼 수 있도록 해주신 것〉이다.

서품 1-5

爾時 (이시): 그 때에

世尊 (세존): 세존께서는

四衆圍遶 (사중위요): 남녀 수행자 그리고 남녀 일반대중인 사부대중들에게 둘러싸여

爲諸大衆 (위제대중): 그 모임의 자리에 모인 일체의 대중을 위해
說大乘經 (설대승경): 말할 수 없는 것을 말로 설하시어, 볼 수 없는 것을 보게 하는『대승경』을 설하셨다.

석공 아라한들의 양자장(불교의 여래장)의 실험은 빛의 입자인 광자(光子)의 이중성 즉〈이중슬릿 시험〉으로 세상에 밝혀졌다. 그러나 이 것은 최근에 관자 넘어 원자, 원자 넘어 분자 즉 모든 물질이 입자이며 파동이라는 것이 밝혀지고 있다. 물체가 입자이며 파동이라는 것은 무엇인가? 물체, 물질이라고 해서 항상(恒常)한 것이 아닌 무상(無常)이며, 형상(形相)자체가 입자가 아닌 파동으로 그 형상은 무상(無相)이라는 것이 밝혀진 것이다.

서품 1-6

名 (명): 그 때 설하신『대승경』의 이름은

一味 (일미): 입자의 우리에게도 파동의 우리에게도 동일한 맛인 하나의 맛.

眞實 (진실): 입자의 나에게도 파동의 나에게도 진실 된 가르침.

無相 (무상): '고정된 상(相) 자체가 본래 아니라는 것'.

無生 (무생): '입자'로서 생겨남이 아닌 파동으로서 영원히 존재한다는 가르침.

決定 (결정): 입자일 때도 파동일 때도 그것의 방향성을 스스로 결정할 힘.

實際 (실제): 그리고 몸으로도, 마음으로도 항상 실질적인 것.

本覺 (본각): 우리는 이것을 이미 알고 있는 진정한 우리가 있다는 것.

利行 (이행): 이것이야 말로 우리 모든 존재들에게 진실한 이익이 된다는 것을 가르치는 대승의 큰 가르침이라고 하셨다.

若聞是經 (약문시경): 부처님께서 말씀하시길, 만일 이 만법의 운용원리를 듣거나,

乃至受持 (내지수지): 혹은 이 가르침의 핵심요소인

一四句偈 (일사구게): (4구절 게송)만이라도 그 알게 된다면

是人卽爲 (시인즉위): 이 사람은 곧

入佛智地 (입불지지): 부처와 같은 깨달음의 지혜의 경지에 들어가

能以方便 (능이방편): 여러 가지 수단과 방법 즉 자신의 존재에게 맞는 편리한 방법으로

敎化衆生 (교화중생): 자신과 가족 등 일체 모든 생명존재들을 교화
할 수 있을 것이며,

爲一切衆生 (위일체중생): 일체 모든 생명존재들을 위한

作大知識 (작대지식): 위대한 스승이 되리라고 하셨다.

$$\boxed{\begin{array}{c}\text{생각 or}\\\text{상(相) 이라는}\end{array}} \quad i = \sqrt{-1}$$

$$i^2 = \left(\sqrt{-1}\right)^2 = -1$$

$$i^2 \ \ + 1 \ \ = (\,0\,)$$

고등학교 1학년 수학에 나오는 허수(虛數) (i)는 볼 수 없는 것
을 보게 하고, 말할 수 없는 것을 말하기 위해 (가우스)라는 석
공 아라한이 창안한 개념이다. 이 허수(虛數) (i)라는 상상의 수
가 없다면, 우주 계획도, 컴퓨터도, 유전자 공학도, 바둑의 신
알파고도, GPT 라는 인공지능도, 단 한 걸음도 나가지 못했을
것이다.

불교신자들은 안다. 생각과 생각 ($i^2 = -1$) 이라는 것이 『금강
경』의 약견 제상(諸相) 비상(非相) 이라는 것을. 그리고 그것은
'무명의 착각'을 〈깨달음의 일각〉 부수어 버리라는 것을. 그래서 얼

는 것이 무엇인가? 바로 (0)이다! 부처님 당시의 소승의 비열한 무리들은 (0)을 '없음'으로 알았다.

그러나 잊지 말자. 부처님께 대승을 배운 후 다시 환생한 석공 아라한들에게 (0)은 고정된 없음이 아니라 $\langle \lim_{x \to 0} \rangle$ 이라는 약속된 기호이다. 이렇게 끊임없이 (0)으로 가는 흐름의 개념이라는 것을 깨달았던 것이다! 라는 사실을. 그리고 그것이 삼매(三昧)라는 사실을...

서품 1-7

佛說此經已 (불설차경이): 부처님께서는 이 〈하늘의 운용원리〉를 말씀하신 뒤,

結跏趺坐 (결가부좌): 가부좌를 틀고 앉으셔서는

卽入金剛三昧 (즉입금강삼매): 즉각 보석과 같은 금강삼매(金剛三昧)에 들어가시어

身心不動 (신심부동): 몸과 마음이 외부요인들에 의해 움직이지 않는 '부동의 경지'에 들으셨다.

爾時衆中 (이시중중): 그 때 부처님 법을 듣던 대중들 가운데

有一比丘 (유일비구): 어떤 비구 스님이 있었는데

名阿伽陀 (명아가타): 아가타(阿伽佗)라는 이름을 가진 스님이었다.

從座而起 (종좌이기): 그는 자리에서 일어나

合掌胡跪 (합장호궤): 합장하고 꿇어앉아서

欲重宣此義 (욕중선차의): 부처님의 법문에 감사하고 그 가르침을 거듭 밝히고 싶은 마음이 일어나서

而說偈言 (이설게언): 게송으로 노래했다.

大慈滿足尊 (대자만족존): 위대한 자비로 가득하신 우리 세존이시여,

智慧, 通, 無碍 (지혜 통 무애): 지혜가 어떤 것에도 걸림이 없는 분이시어!

廣度衆生故 (광도중생고): 중생을 널리 다 건지시려고

說於一諦義 (설어일체의): 제일 중요한 모든 법을 관통하는 그 진리를 말씀해 주셨네.

皆以一味道 (개이일미도): 모두 〈한가지 도의 맛〉으로 설하시고

終不以小乘 (종불이소승): 끝내 '소승'의 〈색의 언어〉로는 말씀하지 않으시니

所說義味處 (소설의미처): 가르쳐주신바 그 의미의 낙처는

皆悉離不實 (개실이부실): 실상(實相)세계의 가르침이지, 밤의 꿈같은 허상(虛像)의 가르침과는 멀리 떨어진 것이었네.

入諸佛智地 (입제불지지): 모든 부처님 지혜의 경지에 들어가

決定 (결정): 업(業)에 묶이고, 상(相)에 묶인 속박의 상태를 벗어나, 스스로 모든 것을 결정하는

眞實際 (진실제): 진실의 지혜인, 실제를 설하시니

聞者皆出世 (문자개출세): 이 법문 듣는 사람은 모두 세간에서의 그릇된 안목을 벗어나

無有不解脫 (무유불해탈): 그 업(業)과 상(相)에서 해탈하지 못하는 사람이 전혀 없게 하시네.

無量諸菩薩 (무량제보살): 또한 헤아릴 수 없는 일체의 보살들도

皆悉度衆生 (개실도중생): 각자 모두 중생을 제도하려고

爲衆廣深問 (위중광심문): 일체 중생들을 위해 넓고 깊게 질문해 주시고

知法寂滅相 (지법적멸상): 그렇다고 믿고 살아왔던 존재(存在)법이 실상은 모두 있는 듯 보이지만, 본래 자신의 특성이 없는 것임을 알게 하시어

入於決定處 (입어결정처): 우리 모두를 〈모든 존재의 실상에 대한 결정적 확신의 터전〉에 들어가게 하시네.

如來智方便 (여래지방편): 그렇게 여래의 지혜와 방편으로써

當爲入實說 (당위입실설): 마땅히 우리 모두를 〈볼 수 없는 것〉을 보게 하기 위해, 〈말할 수 없는 것〉을 설하시어

隨順皆一乘 (수순개일승): 일체중생을 한꺼번에 다 그 가르침의 배에 태우시어

無有諸雜味 (무유제잡미): 가르침에 올라탄 자, 모두 한 가지 맛을 보게 하시어 자신의 업과 생각에 따라 달리 살아가는 갖가지 맛을 모두 제거할 수 있게 하셨네.

猶如一雨潤 (유여일우윤): 그것은 마치 한 번의 비로 온 허공과 대지를 적시면

衆草皆悉榮 (중초개실영): 온갖 풀과 약초들이 번영하듯이

隨其性各異 (수기성각이): 신과 인간을 비롯한 중생들 모두 그 성품과 근본에 따라 각기 다르나

一味之法 (일미지법): 해탈의 일미, 그 단 한가지의 결정적 맛으로

潤 (윤): 각자의 형편과 사정 그리고 타고난 그릇 모양과 크기대로 다 윤택케 하시어

普充於一切 (보충어일체): 두루 일체가 다 만족, 해탈하여 행복함을 다 채워 주시네.

如彼一雨潤 (여피일우윤): 그 한 번의 비로, 우리들 마음의 토양이 윤택해지면

皆長菩提芽 (개장보리아): 잠들어 있던 우리의 깨달음(菩提)의 싹이 쑥쑥 자라나게 하여

入於金剛味 (입어금강미): 우리 모두를 보석 같은 한 가지 맛에 들

어가게 하시니

證法 (증법) : 모든 자신의 삶의 체험으로 존재법의 실상을 각자 체험으로 증명 확인하고

眞實 (진실) : 내가 잊었던 나를 찾고, 나를 알고, 나를 보게 하시는 진실로서

定 (정) : 몸과 마음이 대상의 정체가 없는 대상을 쫓아 나가는 부동의 경지에 들어

決定斷疑悔 (결정단의회) : 결정코 그간의 모든 세상살이와 자신의 존재에 대한 의문을 확연히 끊게 되어, 살아온 어리석음을 참회하게 하시어

一法之 (일법지) : 말 할 수 없는 것을 말해주시어, 볼 수 없는 것을 볼 수 있게 하는 법으로

印成 (인성) : 세간 출세간의 모든 현상세계에 도장 찍듯이 드러나게 하시어, 우리 모두에게 큰 지혜를 이루게 하시네.

부처님이 깨달으신 정각을 우리는 〈해인(海印)삼매〉라고 한다. 바다에 찍힌 도장이라는 의미다. 우리는 바다 위의 수많은 삼라만상, 우주와 달, 별, 은하수 그리고 온갖 상(相)들

즉 물위의 그림자만을 보면서 사는 것을 말씀하셨다. 그렇지만 우리가 바로 그 물 즉 [바다]라는 것을 모른다! 라는 것이다.

그래서『금강삼매경』은 망념의 중생들의 법이 아닌 진실을 아는 일념의 진실의 오직 한가지 법에 찍힌 도장을 알게 되는 법을〈일법지인성〉이라고 하신 것이다.

Chapter Two

금강삼매경의
개념과 의미

2. 물 위의 그림자로도 존재하는 법은 있다. - 무상법품

역사에는 수많은 발명가들이 있다.
나도 그 중의 한 명 일뿐

이 세계는 무한한 지식으로 이루어져있다.
그리고 그 지식을 지배하는 무한한 법칙이 있다는 것을 부인
할 수는 없다.

무한 것이 존재한다는 것이 그 것을 이미 증명하기 때문이다.

나는 99%의 노력과 1%의 영감으로
그 법칙을 찾아 발명할 뿐이다

모든 천재들이 그렇다. (토마스 에디슨)

이 세상 사람들은 많은 것을 연구한다. 어떤 사람은 우주를, 어떤 사람은 컴퓨터를, 어떤 사람은 하느님을, 어떤 사람은 돈을 알기 위해 연구한다. 거기에 온갖 노력과 영감을 동원한다. 그러나 그들이 새까맣게 모르고 시작조차 않는 것이 있다. 그렇게 연구하고 알려고 하고 찾고자 하는 자기 자신! 그 자신을 연구하지 않는다. 그 이유는 자기 자신을 연구하는 방법을 부처님께서 가르쳐 주셨지만, 인도의, 동양의, 티벳, 미얀마, 스리랑카, 태국, 그리고 중국, 일본, 한국의 선사와 조사들마저 부처님

께서 가르쳐 준 방법을 남에게 전하는 방법을 부처님 방식대로 하지 않은 것이다.

부처님이 볼 수 없고, 알 수 없는 세상을, 말할 수 없는 것을 말씀하심으로 설하시기는 하였지만 『아함경』 『반야경』 『법화경』 『화엄경』으로 상대방의 근기를 헤아리며 하셨다. 자기를 아는 연구를 하지 않은 채, 오직 연구 대상의 석공(析空)에만 집착하는 전생의 아라한들은 계속해서 대상을 연구할 뿐, 그 대상 속에 이미 자신의 의식이 들어가 있다는 것을 모르기에 자신을 연구하지 않았다.

자기를 알기 위해서는 (+1)로 태어난 자신의 생(生)이라는 법을, 그 생 자체를 멸(滅)하는 (-1)의 과정의 법을 통해 모두 (0)부터 (∞)에 이르는 모든 존재들에게 통용되는 한 맛(一味)의 법을 알아야한다. 그것이 무상법(無相法)이다. 심지어 '토마스 에디슨'도 모든 대상이 상(相)이라는 것을 모르고, 모든 존재가 무한한 법(法)이 있다고 말할 뿐이다. 사실은 한 가지 법일 뿐인데.

무상법품 2-1

爾時 (이시): 그 때에

尊者 (존자): 세존께서는

從三昧起 (종삼매기): 그 모든 생각과 감각이 (0)인 삼매의 자리로 부터

而說是言 (이설시언): 일어나시어 이렇게 말씀하셨다.

諸佛智地 (제불지지): 모든 부처의 지혜의 경지는

入實法相 (입실법상): 중생들이 알고 있는 망념(妄念)으로 생각해 낸 법이 아닌 모든 것의 근원인 한 마음, 한 가지의 일법(一法)의 실상인 〈존재의 실상〉에 들어간 것이며

決定性故 (결정성고): 법계의 즉 세상의 운영원리에 대한 결정적 진리를 설한 것으로

方便神通 (방편신통): 방편과 신통을 동원하여

皆無相利 (개무상리): 모두, 상(相)을 뛰어넘어 공정된 상 자체가 없음을 깨우치게 하는 큰 이익을 얻게 하느니라.

一覺了義 (일각료의): 이렇게 담박에 확 밝아지는 지혜를 갖는 일 각의 결정적 의미는

難解難入 (난해난입): 이해하기도 어렵고 들어가기도 어렵지만,

非諸二乘 (비제이승): 성문, 연각의 2승들이

之所知見 (지소지견): 알고, 볼 수 있는 것이 아니요,

唯佛菩薩 (유불보살): 오직 부처와 보살만이

乃能知之 (내능지지): 알 수 있는 것이니라.

可度衆生 (가도중생): 그러나 존재의 실상과 삶의 의미를 알고자 했던 중생에게는

皆說一味 (개설일미): 모두 (0)부터 (∞)에 이르는 모든 존재들에게 통용되는 해탈의 한 맛(一味)의 가르침으로 설하겠노라.

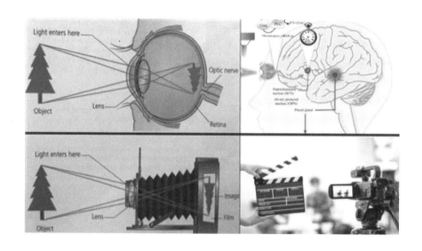

불교에서 왜 그렇게 해탈(解脫)을 강조하는가? 그리고 왜 우리들을 무명(無明) 중생이라고 하는가? 도대체 무엇을 우리는 밝게 보지 못하고, 어딘가에 매여져 있다고 하는 것일까? 그 답은 카메라와 우리 눈에서 실마리를 찾을 수 있다. 우리가 보고 느끼고 생각하고 행동하고 인식하는 것은 우리 뇌가 하는 일이다. 뇌의 해석 실력은 그 중생들의 지식과 경험 안에서만 해석한다. 그 중생들의 지식과 경험을 업(業)이라고 부르기도 한다. 마

치 영화나 드라마에서 수 없이 많은 카메라들이 수많은 사진을 찍어도 카메라 감독이 원래 생각하였던 단 하나의 영상만이 선택되는 것과 같다.

그런데 중생들은 자기 눈에 보이는 생각이나 자기가 그렇다고 알고 있는 인식이 자신의 업이 작동되는 알고리즘 속에서 해석해 내 보낸 이미지 즉 하나의 상(相)일 뿐, 그 상이 나타난 본래의 낙처는 모르고 산다. 그래서 12연기의 첫 시작인 무명(無明)이 발동이 되는 것이다.

그런데 자기 앞에 나타난 상(相)이, 본질적 고유성품이 나타난 것이 아니라, 카메라 사진처럼 일단 (+1)로 나타난 것인 줄 알고, 여기로부터 벗어난 (-1)의 지혜를 통해 (0)의 자리로 돌아갈 줄 아는 사람을 〈해탈한 사람〉이라고 한다. 이렇게 살 줄 알면 해탈 보살처럼 무상법(無相法)으로 살줄 아는 사람이 된다.

무상법품 2-2

爾時 (이시): 그 때

解脫菩薩 (해탈보살): 해탈 보살이

卽從座起 (즉종좌기): 자리에서 일어나

合掌胡跪 (합장호궤): 합장하고 꿇어앉아
而白佛言 (이백불언): 부처님께 여쭈었다.

尊者 (존자): 세존이시여,
若佛滅後 (약불멸후): 만일 부처님께서 돌아가신 뒤에
正法去世 (정법거세): 말 할 수 없는 것을 말로 해주신 정법(正法)은
세상에서 사라지고
像法住世 (상법주세): 말과 글만 남아, 부처님 법이라고 전해지는
이미지의 형상법 만이
於末劫中 (어말겁중): 세상에 통용되어 지배하는 말법시대에
五濁衆生 (오탁중생): 다섯 가지 탁한 습관에 물들어 버린 세상의
중생들은
多諸惡業 (다제악업): 알고도 혹은 몰라서 짓는 가지가지의 악업이
많아
輪廻三界 (윤회삼계): 욕계, 색계, 무색계의 삼계를 돌고 돌아 몸 받
으며
無有出時 (무유출시): 벗어날 때가 없을 것입니다.

願佛慈悲 (원불자비): 바라옵건대 부처님께서는
爲後世衆生 (위후세중생): 자비로 후세 중생을 위해
宣說一昧 (선설일미): 모두가 따를 오직 한 가지의
決定眞實 (결정진실): 모든 결정적 진실을 설하셔서

令彼衆生 (영피중생): 저 중생들도

等同解脫 (등동해탈): 함께 해탈하도록 하여 주십시오.

$$e^{i\pi} + 1 = 0$$

$$\Downarrow$$

$$e^{i\pi} = -1$$

$$\Downarrow$$

$$-1 = i^2$$

(오일러)라는 석공 아라한의 항등식이 제일 위의 식이다. 그는 (0)으로 가는 법을 이미 300년 전에 저렇게 밝혀두었다. 그는 자신이 아라한으로 수행할 때는 애써서 (+1)을 (-1)로 바꾸는 고행을 하였으나, 부처님께 반야바라밀의 이치를 배운 후에는 (+1)에서 (0)으로 가기위해서는, (0 -1)이 되는 특정 기호인 (e,i,π)로 이루어진 뗏목을 사용한 천재 아라한 이었다.

이 무엇인가? 〈범소유상 개시허망〉이기에, 또 〈제상이 비상〉임을 알기에 두 번의 각(覺)을 사용한 것이다. 첫 번째 각은 무명 (無明)에서 생긴 생각의 (i)이다. 두 번째 각은 첫 번째 각이 무명임을 알기에 깨달음의 각을 한 번 더 하여 (i^2)을 사용한 것이다. 그러나 미리 말해둔다. 이 두 번째 각을 실행하기 위해서는 수행이 최소 80일~120일이 필요하다고 『대방광원각수다라요의경』에서는 말한다. 기초 공부는 그 전에 3.7일이 필요하다고 하셨다. 3.7일이지 절대 21일이 아니다. 두 번째 각에서 (-1)을 만들지 못하면, 세 번째 각은 $(-i)$가 된다. 여기서 다시 네 번째 각이 자동으로 일어나 $(i^2 \times i^2 = 1)$이 되기에 끊임없이 자신의 생각으로 $(+1)(i)(-1)(-i)$로 윤회의 덫에 걸려들게 된다.

무상법품 2-3

佛言 (불언): 부처님께서 말씀하셨다.

善男子 (선남자): 선남자여,

汝能問我 (여능문아): 너희들이 내게 묻는 것은

出世之因 (출세지인): 내가 세상에 몸 받아 나온 원인(原因)을 물어서

欲化衆生 (욕화중생): 어떻게 중생을 교화하고자 하는 것임일 것이며

令彼衆生 (영피중생): 저 중생들도 또한 나와 마찬가지로

獲得出世之果 (획득출세지과): 금생에 몸 받아 나온 과(果)를 얻게 하려 하는구나

是一大事 (시일대사): 인간으로 몸 받아 나온 이상, 가장 중요한 '일

대사'를 설하는 일은

不可思議 (불가사의): 생각으로 헤아릴 수 없는 것이며,

以大慈故 (이대자고): 큰 자비심과

以大悲故 (이대비고): 모르고 살아가는 중생들을 보노라면, 슬픔의 연민 때문에 말하지 않을 수 없는 것이니라.

我若不說 (아약불설): 그러하기에 내가 만일 법계의 실상을 말하지 않는다면

即墮慳貪 (즉타간탐): 나는 즉시 인색함과 탐욕에 떨어지리니,

汝等一心 (여등일심): 너희들은 한마음으로

際聽際聽 (제청제청): 자세히 듣고 또 자세히 들어라.

爲汝宣說 (위여선설): 너희들을 위해 중생들이 왜 힘든 몸을 받아 세상에 나왔는지에 대한 그 이유 〈출세지인(因)〉과, 금생에 각자 받은 그 몸으로 해야 할 일을 다 마치면 그 결과가 어떻게 되는지를 밝히는 〈출세지과(果)〉를 알게 하기 위한 법을 설하리라.

왼쪽 아기 싯탈다의 엄마는 마야부인이 맞다. 아기 싯탈다도 (+1)인 존재이며, 마야부인도 (+1)의 존재이다. 그런데 오른쪽 석가여래 즉 부처님의 엄마는 마야부인이 아니라. 반야(般若)다.

반야는 (0)부터 (∞)에 이르는 모든 경우의 수이다. 반야는 (+1)에서 (0)으로 가기위해, (-1)이 되는 수백천만 억이나 되는 뗏목의 종류가 있다. 그런데 모든 우리 모두가 그 뗏목을 가지고 있다. 그래서 부처님은 우리에게 뗏목을 만들어주는 것이 아니라, 뗏목을 타는 항구가 어디냐고 묻는 우리에게 "항구요? 여기입니다!" 라는 것만 일러줄 뿐이기에 자기는 아무것도 한 일이 없다고 한다. 당연한 일이다.

무상법품 2-4

善男子 (선남자): 선남자여,

若化衆生 (약화중생): 만일 너희들이 중생을 교화하고자 한다면

無生於化 (무생어화): 내가 저 사람들을 교화한다는 생각도 없어야 하고,

不生無化 (불생무화): 그렇다고 교화함이 없다는 생각도 내지 않아야

其化大焉 (기화대언): 교화가 더욱 커지게 되는 것이니라.

$$\boxed{\text{생각 or 상(相) 이라는}} \; i = \sqrt{-1}$$

$$i^2 = \left(\sqrt{-1}\right)^2 = -1$$

$$i^3 = -i$$

$$i^4 = +1$$

$$i^5 = i$$

일체유심조(一切唯心造)! 모든 것은 자신의 마음과 생각이 조작해서 만든 것이다! 라는 불변의 진리이다. 수없이 윤회하고 수없이 생각해도 빙글빙글 윤회할 뿐이다. 해탈의 답은 하나다! 생각 (i) 속으로 파고들어라! 그러면 (0)부터 (∞)의 존재가 된다. 그리고 그 존재가 너의 본래 모습이다.

무상법품 2-5

令彼衆生 (영피중생): 무엇보다도 저 중생들이

皆離心我 (개리심아): 자신들이 그렇다고 알고 있고, 그렇게 믿어 왔던 〈육신의 몸과 마음〉만이 나(我)라는 생각에 더 이상 매여 있으면 아니 되느니라. 너의 생각에서 떨어져라!

一切心我 (일체심아): 일체의 내 마음과 나도

本來空寂 (본래공적): 본래 그 실체는, 너의 생각과 인연에 의해서

잠시 결합해서 상(相)으로 나타났지만, 실체는 아무것도 없는 적멸한 (0)인 것이니라.

若得空心 (약득공심): 만일 〈육신의 몸과 마음〉이, (0)에서 허상인 (i)로 시작된 것이었다는 사실을 알게 된다면

心不幻化 (심불환화): 그 때부터 그 사람의 마음은 허깨비처럼 변화되지도 아니할 것이며,

無幻無化 (무환무화): 허깨비 같은 육신의 내가 생각과 경험으로 만드는, 환영(幻)도 없고,

형태를 바꾸는 화함도 없어져서

卽得無生 (즉득무생): 육신의 내가 세상에 태어남 즉 (+1)자체가 본래 없었던 사건이라는 무생(無生)의 도리를 깨닫게 되어

無生之心 (무생지심): 〈생(生)함이 없었다〉는 무생의 (0)그 마음은

在於無化 (재어무화): 항상 변화함이 없이 항상 그대로인 곳에 있었다는 것을 깨닫게 되느니라.

解脫菩薩 (해탈보살): 해탈 보살이

而白佛言 (이백불언): 부처님께 여쭈었다.

尊者 (존자): 세존이시여,

衆生之心 (중생지심): 중생의 마음이 허상인 (i)와 〈내가 존재 한다〉는 (+1)의 세계가

性本空寂 (성본공적): 〈본래 없던 (0) 마음〉이라 한다면

空寂之心 (공적지심): 그 공(空)하고 아무것도 없는 적(寂)그 마음의 주체는

體無色相 (체무색상): 아무런 형체도 없고, 파악되는 현상이나 형상도 없는데

云何修習 (운하수습): 어떻게 수행하고 연습해서

得本空心 (득본공심): 참 나/ 진아(眞我)인 〈공의 나〉의, 〈실상의 마음〉을 얻을 수 있겠습니까?

願佛慈悲 (원불자비): 원하옵건대 부처님께서는 자비로

爲我宣說 (위아선설): 저희들을 위하여 좀 상세히 말씀하여 주십시오.

고전 물리학의 기본은 데카르트에서 시작했다. 그는 철학자이며 수학자였다. 그러한 고전 물리학은 양자역학이 발견되면서 모든 세상에 적용되는 법칙이 아님이 입증되었다. 모든 세상에 존재하는 진실, 결정의 부처님의 '일법지인'은 위 데카르트의 말과 부처님의 말을 비교하면 어느 것이 진실인지 알게 된다.

자신의 생각을 없애라는 것이 아니다. 그 생각이 옳지 않다는 것을 아는 것이 중요하다. 그 생각은 자신의 업(業)의 거울에 비추어진 이미지 상(相)일 뿐이기에 그렇다.

무상법품 2-6

佛言 (불언): 부처님께서 말씀하셨다.

菩薩 (보살): 보살이여,

一切心相 (일체심상): 모든 중생과 생명들의 〈일체의 마음〉의 모습은

本來無本 (본래무본): 본래 근본이 없으며,

本無本處 (본무본처): 본래 근본이 없다! 라는 것은

空寂無生 (공적무생): 그 마음에서는 생겨남이라는 것이 있을 수가 없느니라.

진정한 나인 (1)을 포함한 모든 수는 (0)에서 생기는 것이지, 허상인 생각 (i)에서 변화하여 생겼다가 사라지는 (+1) (−1)은 역시 허상에서 생겼기에 허상인 것이니라.

若心無生 (약심무생): 만일 우리의 마음이라는 것이, (+1) (i) (−1) (−i)의 변화되어 나타난 상(相)일 뿐 본래 생김자체가 없었다는 것을 알면

卽入空寂 (즉입공적): 참된 자신의 〈0의 나〉가 있는 실상세계에 들어가나니,

空寂心地 (공적심지): 그 모든 공적한 〈공의 마음〉의 경지에서

卽得心空 (즉득심공): 바로 중생의 마음으로 그 본성이 본래 공적한 〈실상의 공의 마음〉을 얻게 되느니라.

善男子 (선남자): 선남자여,

無相之心 (무상지심): 실재하는 것 같았던 마음이 그려낸 모든 상 (相)이, 실제로는 없는 마음이며

無心無我 (무심무아): 마음이라는 것도 없고, 그 마음이 만들은 나 (我)도 없나니

一切法相 (일체법상): 일체의 이 세상에 존재하는 모든 객관세상의 존재법의 모습도

亦復如是 (역부여시): 그와 같이 볼 줄 알아야 하느니라.

解脫菩薩 (해탈보살): 해탈 보살이

而白佛言 (이백불언): 부처님께 여쭈었다.

존자(尊者): 세존이시여,

一切衆生 (일체중생): 일체의 중생들이, 눈에 보이는 것들, 귀에 들리는 것들이 전부 실제모습인 줄 알고

若有我者 (약유아자): 〈나는 존재한다〉라는 착각에 사로잡혀 있거나

若有心者 (약유심자): 〈내 마음, 내 생각은 내가 하는 것이다〉라고 한다면

以何法覺 (이하법각): 어떠한 가르침으로 깨닫게 하여

令彼衆生 (영피중생): 저 슬픈 중생들이

出離斯縛 (출리사박): 자승자박의 그 번뇌의 얽매임에서 벗어나도록 하겠습니까?

佛言 (불언) 善男子 (선남자): 부처님께서 말씀하셨다. 선남자여,

若有我者 (약유아자): 만일 〈나라는 놈〉이 있다고 생각하는 사람이라면,

令觀十二因緣 (영관12인연): 그것은 무명(無明)으로 시작하는 12인연을 관찰하게 하여라.

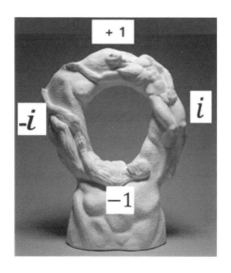

12연기(十二緣起)는 부처님이 고생 끝에 밝혀낸 존재의 실상이었다. 부처님으로부터 2000년이 지난 후 존재한다고 믿었던 모든 것은 사실은 허상이라는 것을 프랑스의 〈르네 데카르트 아라한(1596년- 1650년)〉이 다시 밝히기는 하지만, 이 데카르트 아라한은 생각이 허상임을 여전히 알지 못한다. 그런 상태에서 본인의 대표 저서 《방법서설》에서 〈나는 생각한다, 고로 존재한다.(Cogito ergo sum)〉라는 말을 해놓으니 그로부터 허상의 〈닥치고 물질 숭배〉 세상이 본격적으로 전개되었던 것이다. 신대륙의 발견, 르네쌍스라는 이름으로.

원래 부처님은 사람들이 데카르트 아라한처럼 그렇게 〈나는 생각한다, 고로 존재한다. (Cogito ergo sum)〉라는 착각이 밝지 못한 중생들의 착각임을 밝히신 것이다.

1. 그 무명(無明)의 착각인 생각 (i)에서,

2. 1.2.3.4.5.6......무한한 (∞) 까지의 움직임을 행(行)이라고 표현했고

3. 그 행은 반드시 밖의 대상이 있어야 하기에 대상을 인식해야 하므로 식(識)이라고 했고

4. 그 식을 나름대로 받아들이려니 볼 수 없는 것을 알 수 있게 하는 이름과 형상이 필요해서 12연기의 4번째는 명색(明色)이라고 했다.

5. 그러나 이 이름과 형상은 귀가 있어야 하고 눈이 있어야 하므로 눈, 귀, 코, 혀, 몸이라는 다섯 가지 감각기관과 그 감각을 총정리하는 뇌, 혹은 감각정리기관이 생겨난 것임을 밝혔다.

일단 이렇게 발생하는 모든 상(相)이 본래 없는 (i)에서 시작되었기에 무상(無相)임에도 생각이 꼬리에 꼬리를 물어 작동되는 것임을 찾아낸 것이었다.

무상법품 2-7

十二因緣 (12인연): 내가 깨달은 12 인연이 차례로 일어나는 연기의 이치는

本從因果 (본종인과): 본래 무시이래의 업(業)의 인과에서 발생한 것이며,

因果所起 (인과소기): 그 원인과 결과는

興於心行 (흥어심행): 〈자신이 경험과 지식〉에 근거한 정보로 행(行)이 일어나면서 시작되는 것이니라.

心尙不有 (심상부유): 그렇게 중생들이 그렇다고 알고 있는 그 마음은 오히려 있지 않고, 없는 환상인데

何況有身 (하황유신): 어찌 그 환(幻)같은 마음이 업연(業緣)을 반연해 만든 몸이 인연을 당겨낸 그 상황을 너의 마음이라고 할 수 있겠느냐?

若有我者 (약유아자): 만일 〈나라는 존재〉가 있다고 생각하는 사람이면

令滅有見 (영멸유견): 그는 '내가 실제로 존재하고 있다! 라는 착각의 생각 (i) 의 견해'를 없애게 할 것이요,

若無我者 (약무아자): 들은 적이 있고, 배운 적이 있어 거꾸로 만일 〈나라는 존재〉가 없는 것이다! 라고 생각하는 사람이라면 그는 (0)에 집착하는 사람이니

令滅無見 (영멸무견): 그에게는 〈없다! 라고 생각하는, 그 착각의 생각 (i) 의 견해〉를 없애게 해야 하리라.

若心生者 (약심생자): 또 만일 마음이 없던 것이 생(生)겨 났다고 (+1)이 진실이라고 생각하는 자라면

令滅滅性 (영멸멸성): 그가 말하는 멸(滅)은 (-1)을 의미하기에 그 착각의 생각 (i) 의 견해를 멸해주어야 하며

若心滅者 (약심멸자): 만일 마음이 있던 것이 멸(滅)했다고 생각하는 사람이면

令滅生性 (영멸생성): 태어남, 생겨남이 아니라, 자신들이 색의 언어로 표현한 그 이름뿐인 것일 뿐이라는 본성을 보여주어야 하느니라.

滅是見性 (멸시견성): 그렇게 모든 자신의 생각이 사라지고 멸한 후에야 자신이 부처님을 아는 근본바탕을 보는 견성(見性)이라는 것이고,

即入實際 (즉입실제): 그렇게 하여야 바로, 모든 존재의 실상인

〈(0) 의 실제 세계〉에 들어가는 것이니라.

何以故 (하이고): 왜냐하면

本生不滅 (본생불멸): 본래 (생겨있음)이라면 소멸하지 않을 것이고

本滅不生 (본멸불생): 멸하고 없어졌다면 생겨나지도 않는 것을

不滅不生 (불멸불생): 소멸하지도 않고 생겨나지도 않으며,

不生不滅 (불생불멸): 생겨나지도 않고 소멸하지도 않는다고 하는 것이니

一切諸法 (일체제법): 일체의 모든 중생들이 망념으로 알고 있는 법은

亦復如是 (역부여시): 모두 다 그와 같으니라.

$$1 \ < (1 + \frac{1}{n}) \ < 2$$

자기에게 일어난 일은 좋은 일이건 나쁜 일이건 남의 일이 아니다.

남이 밥을 먹어도 내가 배부른 것이 아니며, 다른 사람이 돈을 벌어도 내가 번 것이 아니다. 그래서 모든 일과 인연은 (1)도 아니지만 (2)도 아닌 것이다. 그러나 내가 밥을 먹건, 돈을 벌건 그

것이 나에게만 영향을 미치는 것이 아니다. 나에게 생긴 인연이 달라지면 내가 나와 남을 대하는 것도 달라진다. 즉 2.3.4.5.6. 7....에 미치는 나의 영향력이 달라지는 것이다. 그것이 인과(因果)이다. 물론 과(果)는 또 하나의 인(因)이 되기에 인(因)도 과(果)도 모두 연(緣)이다. 그래서 12연이 차래로 일어나서 서로 영향을 준다고 해서 12연기(緣起)이다.

위 식에서 (n)은 자신의 (1)의 내부에서 일어나는 모든 일을 말한다.

무상법품 2-8

解脫菩薩 (해탈보살): 해탈 보살이

而白佛言 (이백불언): 부처님께 여쭈었다.

尊者 (존자): 세존이시여,

若有衆生 (약유중생)): 만일 어떤 중생이,

見法生時 (견법생시): 어떤 인과로 (n) 이 생겨나서 나타난 법, (+1) 이라고 보는 사람들에

令滅何見 (영멸하견): 어떻게 그 견해를 없어지게 하며

見法滅時 (견법멸시): 그러한 법칙이 있다가 없어졌다고 (-1)로 보는 경우에는

令滅何見 (영멸하견): 어떻게 그 견해를 없어지게 해야 하겠습니까?

佛言 (불언): 부처님께서 말씀하셨다.
菩薩 (보살) 若有衆生 (약유중생): 보살이여, 만일 어떤 중생이
見法生時 (견법생시): 법이 생겨 났다고 (+1)이라고 믿을 때는
令滅無見 (영멸무견): 그 믿음 생각(i)를 멸해지게 하여, 그 믿음을 다시 볼 것이 없게 하고
見法滅時 (견법멸시): 법이 없어져 소멸(滅)했다고 (-1)로 믿을 때는
令滅有見 (영멸유견): 그 믿음도 없어지게 하여, 다른 생각(i)가 그에게 생기어 작동되고 있다는 것을 확실히 보게 하라.

若滅是見 (약멸시견): 만일 이렇게 그렇게 믿는 생각의 견해를 없게 한다면
得法眞無 (득법진무): 법이라는 것이 중생의 허망한 마음으로 만들은, 참으로는 없는 것이라는 것을 얻게 되며,
入決定性 (입결정성): 모든 것을 결정하는 〈(0) 의 실제 세계〉의 결정의 바탕에 들어가
決定無生 (결정무생): 자신이 (0)의 실제 세계에서 생긴 모든 1.2.3.4.5.6...... 것들이 무한한 (∞)까지의 불생불멸의 존재가 자신에게 존재하고 있음을 알게 될 것이리라.

(0)은 모든 수의 어머니이다. 이 세상의 어떤 경전보다도 먼저 표기되었다는 『천부경』(天符經)은 말한다. 〈1시(始) 0시(始) 1〉 (1)이 시작이 되었지만 (0)에서 시작한 (1)이며, 〈1 종(終) 0 종 (終) 1〉 (1)이 소멸되었지만 (0)으로 소멸된 (1)이다.

무상법품 2-9

解脫菩薩 (해탈보살): 해탈 보살이
而白佛言 (이백불언): 부처님께 여쭈었다.

尊者 (존자): 세존이시여,
令彼衆生 (영피중생): 그렇다면, 저 중생들이
住於無生 (주어무생): 그 어떤 것도 '생(生)'함이 없다는 〈0의 불생불

멸〉하는 곳에 머무르게 하는 것이

是無生也 (시무생야): 〈생함이 본래 없는 것〉임을 깨닫게 해 주는 것입니까?

佛言 (불언): 부처님께서 말씀하셨다.

住於無生 (주어무생): '생'함이 없다는 〈0의 불생불멸〉하는 곳에 머무른다면

卽是有生 (즉시유생): 그것은 〈생함이 있는 것〉이 된다.

何以故 (하이고): 왜냐하면

無住無生 (무주무생): 그 어느 생각에도 머무름도 없고, 생겨남도 없는 것이라야

乃是無生 (내시무생): 바로 진정으로 〈생함이 없는 무생〉이 되는 것이니라.

菩薩 (보살): 보살이여,

若生無生 (약생무생): 만일 〈무생(無生)〉을 〈생(生)〉하게 하려 한다면, 없는 무생에 존재의 실체를 부여하는 격이니

以生滅生 (이생멸생): 그것은 〈생함〉으로 〈생하는 것〉을 없애려는 격이 되는 것이 되고 마느니라.

生滅俱滅 (생멸구멸): 생함이라는 생각(i)와 '멸함'이라는 생각(i)로 그 두 생각과 견해가 함께 없어져 (-1)로 (+1)를 같이 멸해야

本生不生 (본생불생): 진정한 〈0의 불생불멸〉의 경지가 생하게 되

는 것이니라.

心常空寂 (심상공적): 진정한 우리 마음은 항상 텅 비고, 고요하며,
空寂無住 (공적무주): 나아가 그 공적함에도 머물지 않는 것이니,
心無有住 (심무유주): 어떠한 마음에도 머무름이 없어야,
乃是無生 (내시무생): 바로 〈생함이 없는 무생〉의 이치를 알게 되
는 것이니라.

수학 기호 루트
즉 뿌리이다!
모든 존재의 참 모습을 알려면
그 뿌리를 알아야 하는데...

『묘법연화경』에서 부처님은 사리불 존자의 3번에 걸친 간청에
도 법을 설하시기를 거절하신다.
인간의 말로 말해달라고 하는 것은 〈듣는 사람이 인식하고 있는
세계〉와 〈말하는 사람이 인식하고 있는 세계〉가 전혀 다른 세계
이기 때문이다. 비유하면 악어고기를 안 먹어 본 한국 사람에게

아프리카나 중남미 동남아시아의 악어고기를 먹어 본 사람들
이 악어고기의 맛을 아무리 설명해 주어도 한국인들은 알 수 없
는 것과 같다.

그래서 부처님은 자신이 알고 있는 세계의 모습과 운용원리를,
그것을 설해주어도 모르는 사람들에게 설명하는 것을 거절한
것이다. 결국 부처님은 〈맛의 뿌리〉는 모든 사람들이 가지고 있
는 것이기에 자신의 뿌리로 '맛'을 체험할 사람들만이 남기를
기다린다.

무상법품 2-10

解脫菩薩 (해탈보살): 해탈 보살이

而白佛言 (이백불언): 부처님께 여쭈었다.

尊者 (존자): 세존이시여,

心無有住 (심무유주): 마음이 어디에도 머무름이 없다면

有何修學 (유하수학): 이 새로운 변혁의 세상에 어떻게 마음을 닦고
공부해야 하는 것입니까?

爲有學也 (위유학야): 우리는 배울 것이 있다는 것입니까?,

爲無學也 (위무학야): 아니면 아무것도 배울 것이 없다는 것입니
까?

菩薩 (보살): 보살이여,

無生之心 (무생지심): 생겨남이 본래 없다는 무생지심의 마음은

心無出入 (심무출입): 그러한 장소나 경지가 따로 있어서 마음이 그 곳으로 들어가고 나가는 것이 없느니라.

本如來藏 (본여래장): 모든 것을 다 배우기 이전의, 이미 모든 것을 알고 있는 우리들 본래의 여래장(如來藏)은

性寂不動 (성적부동): 본 성품이 고요하여 움직이지 않기 때문에

亦非有學 (역비유학): 배울 것이 있다는 것도 아니고

亦非無學 (역비무학): 배울 것이 없다는 것도 아니니라.

無有學不學 (무유학불학): 배울 필요가 있다는 것도, 배울 필요가 없다는 것도 없는 것!

是卽無學 (시즉무학): 그것이 바로 내가 말하는 무학(無學)의 본질이며

非無有學 (비무유학): 애써 배울 것은 없는 것이지만 그렇다고 안 배우고 그냥 있어도 된다! 라는 것은 아니라는 것이

是爲所學 (시위소학): 곧 배울 바! 이니라.

『금강삼매경』의 핵심적 보석가치를 가지는 것은 여래장(如來藏) - 우리 모두에게 여래의 성품이 저장되어 있는 '보석창고'가 있다는 것이다. 그 여래장은 현대 물리학이 말하는 양자장과 유

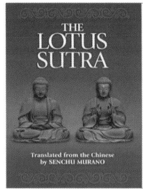

당시 아라한들은
몸받아 태어남과 몸이 있음으로 인해 자연적으로 생기는
모든 욕망들 ($1+1/n$) 을
애써 고행을 하여
(-1)과 ($-1/n$) 을 만들어
없는 (0)으로 돌아가는 열반 만을 추구했다.

그러나 부처님은 그들이 생각한 (-1)의 뿌리를 지적하시며
고행 대신 보살 행의 중요성을 말씀하신 것이다.
보살의 (0)은 없는 (0) 이 아니라 (0) 부터 (1)
그리고 (1)부터 2.3.4.5.6 무한 (∞) 까지를 말하기 때문이다.

사한 개념이기는 하지만 동일하다고는 할 수 없다. 여래장은 고전적 뉴튼 물리학의 (1) 이상의 세계도 아니고, 현대 양자 물리학의 미시세계만을 지칭하는 것도 아니기 때문이다. 오히려 양자물리학에 자연 상수인 〈프랑크 상수: h〉가 있는데, 이 자연 상수 (h)가 (0)일때 고전 물리학과 양자물리학이 같아지는 지점이 있다. 부처님과 우리의 여래장은 그 프랑크 자연 상수가 (0)이 되는 지점에서 격발이 된다.

무상법품 2-11

解脫菩薩 (해탈보살): 해탈 보살이
而白佛言 (이백불언): 부처님께 여쭈었다.
尊者 (존자): 세존이시여,

云何如來藏 (운하여래장): 그렇다면 모든 것을 다 배우기 이전의, 이미 모든 것을 알고 있는 우리들 본래의 여래장(如來藏)은 어찌하여

性寂不動 (성적부동): 그 본 성품이 고요하여 움직이지 않는 것이라고 하시는 것입니까?

佛言 (불언): 부처님께서 말씀하셨다.

如來藏者 (여래장자): 여래장이란

生滅慮知相 (생멸려지상): 생기고 소멸하는 분별 망상의 생각(i)의 상(相)과 같이 있기는 하지만

隱理不顯 (은리불현): 자신은 자신의 작동하는 이치를 숨겨 드러나지 않으며 단지 그러한 채로 있는 것이기에

是如來藏性 (시여래장성): 모든 것을 다 배우기 이전의, 이미 모든 것을 알고 있는 우리들 본래의 여래장(如來藏)의 바탕은

性寂不動 (성적부동): 그 본성이 고요하여 움직이지 않는다고 하는 것이니라.

解脫菩薩 (해탈보살): 해탈 보살이

而白佛言 (이백불언): 부처님께 여쭈었다.

尊者 (존자): 세존이시여,

云何生滅慮知相 (운하생멸려지상): 여래장의 어떤 특질이 있기에, 여래장은 생기고 소멸하는 분별 망상의 생각(i)와 더불어 같이 작동한다고 하시는 것입니까?

佛言 (불언): 부처님께서 말씀하셨다.

菩薩 (보살): 보살이여,

理無可不 (이무가불): 이 우주법계의 에너지장인 여래장의 〈운용되는 법리〉에는 이것은 옳은 원리인 생각(i)이고, 이것 아닌 것은 옳지 않은 원리인 생각(-i)라는 것이 없느니라.

若有可不 (약유가불): 만일 여래장의 〈운용되는 법리〉가 중생계 혹은 현상계의 〈법(法)〉처럼 옳고 그른 것이 있다면,

卽生諸念 (즉생제념): 바로 여러 가지의 생각이 발생하게 될 것이며

千思萬慮 (천사만려): 천 가지 생각 만 가지 분별은

是生滅相 (시생멸상): 그와 같은 생멸 상을 나타내게 될 것이니라.

觀本性相 (관본성상): 해탈 보살이여! 여래장의 본 성품을 관(觀)해 보면

理自滿足 (이자만족): 여래장의 〈운용되는 법리〉인 이법(理法)은 스스로 이미 충족되어 있지만

千思萬慮 (천사만려): 만약 사람들이 천 가지 생각과 만 가지 분별 속으로 빨려 들어가면

不益道理 (불익도리): 〈이법〉의 도리에 유익함을 얻지 못하게 되어

徒爲動亂 (도위동란): 부질없이 정신만 소란하게 되고

失本心王 (실본심왕): 본각의 〈심왕〉을 잃게 되는 존재이니라.

若無思慮 (약무사려): 그러나 만일 생각하고 분별함(思慮)만 없다면

卽無生滅 (즉무생멸): (+1)을 생(生)이라고 하고, (-1)을 멸(滅)이라고 할 것도 없이

如實不起 (여실불기): 일어나고 멸해지는 (+1)과 (-1)을 그대로 여실이 인정을 하고

그 뿌리를 알아 그 '생과 멸'이 일어나지 않게 하면 되나니,

諸識安寂 (제식안적): 그 때는 모든 식(識)이 안정되어 (0)으로 돌아가 고요해지며,

流注不生 (유주불생): 생각(i)의 식(識)의 흐름이 생기지 않으며,

得五法淨 (득오법정): 색, 수, 상, 행, 식 5법이 (0) 자리에 한 생각의 (생각 i)도 없이 청정하게 되리니,

是爲大乘 (시위대승): 이것을 '대승'이라 하느니라.

안영(安零)

'안녕'은 한자어이지 중국어가 아니다.

조선 시대 중화사상에 푹 쩔어
우리의 전통과 선조의 영광과 역사는 부정하고
중국의 역사 중국의 영웅들을 사모하던
사림(士林) 이라고 불리웠던 사림탈레반들이

생각(生覺)이 우리말 한자인 것처럼,
우리 한자어 안영(安零)을
안녕(安寧)- 편안할 안, 편안할 녕)이라고 조작을 한 것이다.

우리는 헤어질 때 바이 바이, 잘 가세요! 할 때도
'안녕' 이라는 말을 쓴다

물론 만났을 때도, 다시 만나도 안녕이라는 인사를 한다

안녕은 { (0) 의 자리에 편안히 있다. 있겠다. 있으세요 } 이다.

모두모두
안녕!

안녕이라는 말은 분만실에서, 아가야 안녕? 엄마야! 할 때도, 영안실에서 잘 가요~ 안녕! 엄마 안녕~ 교실에서도, 사무실에서, 병실에서도, 길에서도 안녕하세요? 안녕? 잘 있었어?

영(零)의 자리에 편안(安)히 있음을 항상 기원하는 한국에서 만든 한자어다.

무상법품 2-12

菩薩 (보살): 보살이여,

入五法淨 (입오법정): 그렇게 몸과 마음인 오온의 실상이 인연상의 연생연멸로 만들어진 것임을 깨달아 아는 청정한 법에 들어가게 되면

心卽無妄 (심즉무망): 그들의 마음에는 모든 것이 없는 것임을 알아 바로 (0)의 자리를 벗어나 밖으로 구하고 바라는 망령됨이 없어지게 되며

若無有妄 (약무유망): 그렇게 만일 그 모든 망령됨이 없어지고 난 후에는

卽入如來 (즉입여래): 저절로 자신의 여래자리에

自覺 (자각): 자신이 이미 있었음을 자각하게 되어

聖智之地 (성지지지): 성스러운 지혜의 경지에 들어가게 되는 것이니라.

入智地者 (입지지자): 그 지혜의 경지에 들어가면

善知 一切 (선지일체): 일체가 본래부터

從本不生 (종본불생): (+1)이라는 생겨남이 없었다는 것을 잘 알게 되며,

知本不生 (지본불생): 본래 생함이 없었는데 생각(i)가 12연기로 차례대로 일어난 망념임을 알면

卽無妄想 (즉무망상): 모든 망령된 생각이 없어져 본디 (0)의 자리에서 일어난 한 바탕 꿈이었음을 알게 될 것이니라.

解脫菩薩 (해탈보살): 해탈 보살이

而白佛言 (이백불언): 부처님께 여쭈었다.

尊者 (존자): 세존이시여,

無妄想者 (무망상자): 망령된 생각이 없어진다! 라는 것은 생각(i) 자체가 없는 것이기에

應無止息 (응무지식): 공연히 생각을 내려놓는다거나, 하는 일도 없어지겠습니다,

佛言 (불언): 부처님께서 말씀하셨다.

菩薩 (보살): 그러하니라. 보살이여,

妄本不生 (망본불생): 없애버려야 하겠다는 망령된 생각도 본래 근본이 없는 허깨비처럼,

본래 '생(生)'긴 것이 아니기에

무(无)妄可息 (무망가식): 내려놓고 쉬어야 할 망령된 생각도 없어지게 되느니라.

知心無心 (지심무심): 마음에 〈생각과 경험이 지어낸 모든 것들〉이 없는 것임을 알게 되면
無心伽眠 (무심가지): 지우거나 없애야 할 대상들도 처음부터 사실은 없었으므로
無分無別 (무분무별): 맞다, 그르다 나눌 분별할 것도 없으며,
現識不生 (현식불생): 그러하기에 그때는 나타나는 어떤 식(識)도 생기지 않게 되느니라.
無生可止 (무생가지): 내려놓고나, 쉬거나, 잊어야 할, 그만두어야 할 생(生)김, 생겨남이 없으면
是卽無止 (시즉무지): 이것이 바로 그침이 없다는 것이기는 하지만
亦非無止 (역비무지): 그렇다고 그침 없다는 것도 아니니라.

何以故 (하이고): 왜냐하면
止無止故 (지무지고): 그칠 것이 없는 그것마저 그쳐야하기 때문이니라.

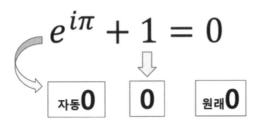

$$e^{i\pi} + 1 = 0$$

자동 **0**　　**0**　　원래 **0**

태어난 내가 (1)이지만, 죽으면 (0)이 되는데, 내가 죽으면 아무 것도 없는 것이라고 믿고 사는 중생들은 어떻게 설득하라는 말입니까?

그래서 해탈 보살이 우리를 위해 대신 이런 질문을 해 준다.
어떤 것을 〈생함이 없는 것〉이라합니까?
어떠한 법의 모습에 머무르라는 것입니까?
어떤 것을 마음 아닌 데에 머무르고,
법 아닌 데에 머무르는 것이라고 하시는 것입니까?

무상법품 2-13

解脫菩薩 (해탈보살): 해탈 보살이
而白佛言 (이백불언): 부처님께 여쭈었다.

尊者 (존자): 세존이시여,
若止無止 (약지무지): 만일 그칠 것이 없다! 라는 것마저도 그치라

하시면

止卽是生 (지즉시생): 그칠 것이 없다! 라는 것마저도 그쳐야 할 생각이 생(生)하게 되는데

何謂無生 (하위무생): 어떤 것을 〈생함이 없는 것〉이라 합니까?

佛言 (불언): 부처님께서 말씀하셨다.

菩薩 (보살): 보살아! 너의 말처럼..

當止是生 (당지시생): 마땅히 그치려하는 것이 생기는 것이지만,

止已無止 (지이무지): 애써 허공을 비워도, 허공을 비운 것이 아니기에 허공을 비웠다는 자신의 공(空)에 머물지 못하듯이, 그 그친 것은 그친 것이 아니니라.

亦不住於無止 (역부주어무지): 그렇게 그침이 없는 데도 머무르지 않으며,

亦不住於無住 (역부주어무주): 머무름이 없기에, 그것을 알고, 그것에 머무르지 않는 것이니,

云何是生 (운하시생): 어찌 그것마저도 생(生)한 것이라고 할 수 있다는 말이냐?

解脫菩薩 (해탈보살): 해탈 보살이

而白佛言 (이백불언): 부처님께 여쭈었다.

尊者 (존자): 세존이시여,

無生之心 (무생지심): 〈생함이 없는 마음〉이면

有何取捨 (유하취사): 어찌 취하고 버릴 것이 있으며,

住何法相 (주하법상): 어떠한 법의 모습에 머무르라는 것입니까?

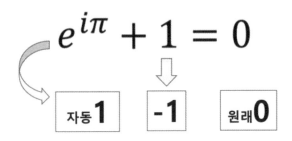

부처님은 우리가 죽으면 (1)이 (0)이 되는 것이 아니라, (-1)이 되기에 (-1)이 된 우리가 여전히 (0)을 향하여 자연 상수인 (e)와 하늘은 둥글고 땅은 정사각형인 천원지방(天圓地方)을 향한 3.141579.... 의 파이(π)에 걸려서 또 생각(i)에 묶여 (1)의 몸을 또 받아야 하는 윤회의 고리에 걸려 지내게 된다고 하신다.

무상법품 2-14

佛言 (불언): 부처님께서 말씀하셨다.

無生之心 (무생지심): 〈생함이 없는 마음〉이라고 함은

不取不捨 (불취불사): 취할 것도 없고 버릴 것도 없고

住於不心 (주어부심): 마음 아닌 데에 머무르며

住於不法 (주어불법): 법 아닌 데에 머무르는 것이니라.

解脫菩薩 (해탈보살): 해탈 보살이
而白佛言 (이백불언): 부처님께 여쭈었다.
尊者 (존자): 세존이시여,
云何住於不心 (운하주어부심): 어떤 것을 마음 아닌 데에 머무르고,
住於不法 (주어불법): 법 아닌 데에 머무르는 것이라고 하시는 것입
니까?

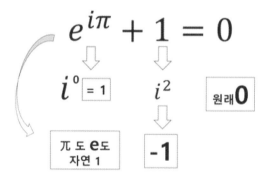

부처님은 〈일체가 오직 생각이 만들어내는 조작이기에〉 전도
몽상의 망념의 우리 생각(i)만을 말씀하실 뿐이다. 그러나 어
떤 생각도 전혀 없는 생각(i 의 0승)은 육신을 단련하여 무아(無
我)가 아닌, 몸의 나 외에 유체이탈 능력 등의 또 다른 나를 개발
하여, 더욱 강한 나를 만드는 강아(强我)를 추구하는 것이라고
하셨다. 그것 역시 무명이라고 하셨다. 그리고 무엇보다도 생각

(i의 0승)은 여래가 되는 과정의 (무기공) 혹은 〈허공의 몸인 허공신〉을 얻기도 하나, 그러한 모든 과정은 진정한 힘인 여래장의 힘인 〈0과 1이 원융한 토탈 에너지〉를 사용할 수 없게 된다.

무상법품 2-15

佛言 (불언): 부처님께서 말씀하셨다.

不生於心 (불생어심): 마음에 한 생각도 내지 않는 것이

是住不心 (시주불심): 마음 아닌 데에 머무르는 것이요,

不生於法 (불생어법): 어떤 법에도 그 법에 한 생각도 내지 않는 것이

是住不法 (시주불법): 법 아닌 것에 머무르는 것이니라.

善男子 (선남자): 선남자여,

不生心法 (불생심법): 어떤 마음과 어떤 법에도 생함이 일어나지 않으면

卽無依止 (즉무의지): 의지할 것이 없어지며,

不住諸行 (부주제행): 모든 의식의 흐름인 행(行)에도 따라다니며 머무르지 않으면,

心常空寂 (심상공적): 마음이 항상 공적해져서

無有異相 (무유이상): 어떤 마음의 상(相)도 일절 없게 되느니라.

譬彼虛空 (비피허공): 예를 들면 저 허공은

無有動住 (무주동주): 움직임도 없고 머무름도 없으며,

無起無作 (무기무작): 일어남도 없고 인위적인 조작함도 없으며,

無彼無此 (무피무차): 저것도 아니고 이것도 아닌 것처럼

得空心眼 (득공심안): 일체가 〈자신의 업이 투사한 상이었구나〉라는 (보는 놈)의 공한 마음의 눈을 얻고

得法空身 (득법공신): 〈보이는 육신의 존재법〉의 '공한 0의 몸'을 얻으면

五陰六入 (오음육입): 몸과 마음의 오음과 눈, 귀, 코, 혀, 몸, 뜻의 여섯 가지 업의 출입구가

悉皆空寂 (실개공적): 모두 공적하게 되리라.

善男子 (선남자): 선남자여,

修空法者 (수공법자): 그렇게 〈공(空)의 도리〉로 공(空)한 법을 닦는 사람들은

不依三戒 (불의삼계): 욕계, 색계, 무색계의 3계에 돌아다니며 윤회하는 것을 자랑삼지 아니하고,

不住戒相 (부주계상): 이런 계는 지키고 저런 계는 안 지켜도 된다! 라는 5계, 10계 같은 계상(戒相)에도 머무르지 아니하지만

清淨無念 (청정무념): 일체 마음의 때가 없는 청정함으로

無攝無放 (무섭무방): 그 어떤 대상에도 포섭할 것도 없고 놓아버릴 것도 없으며,

性等金剛 (성등금강): 그 본성이 금강과 같아서 강인하며 고귀해서

不壞三寶 (불괴삼보): 부처님, 부처님 가르침, 그리고 부처님 제자들의 불법승 3보(寶)를 함부로 하지 아니하게 하느니라.

空心不動 (공심부동): 그렇게 공심으로 대상에 흔들리지 않는 부동(不動)의 경지가 되면 저절로

具六波羅蜜 (구육바라밀): 6바라밀(波羅蜜)을 갖추게 되느니라.

어떻게 보면 우리가 참 된 모습을 보지 못하고, 물위의 그림자만을 보고 들을 수 있는 것은 다행이기도 하다. 만약 우리가 물위의 그림자가 아닌 진짜 해와 달과 삼라만상이 뿜어내는 모든 자연의 빛과 소리를 다 들을 수 있게 되면, 자외선 적외선, 아주 미세한 불가청음으로 온갖 환영과 천신의 소리, 귀신의 소리, 죽은 영혼의 소리로 전부 미쳐버릴 것이다. 그렇다고 언제까지나 진실한 진여의 모습을 보지 못한 채, 자신의 업에 의해서 왜곡 편집되어 나오는 것을 믿어가며 업을 정산해야 한다는 말인

가? 여기에 대한 답을 해탈 보살이 묻는다.

부처님은 이렇게 답한다. 물위의 그림자임을 알았으면 그것이 Intuitive 즉 직관(直觀)이다. 그러나 그것이 진실이 아니기에 Counter- intuitive 즉 반(反)직관의 눈을 가져야 한다.
〈반(反)직관의 눈〉이 바로 청정한 마음 거울이며, 그 마음거울에 물 위 그림자를 비추어보는 조견 혹은 관조를 할 수 있는 청정심을 갖추라고 하는 것이다.

무상법품 2-16

解脫菩薩 (해탈보살): 해탈 보살이

而白佛言 (이백불언): 부처님께 여쭈었다.

尊者 (존자): 세존이시여,

六波羅蜜者 (육바라밀자): 보시, 지계, 인욕, 선정, 정진, 반야의 6바라밀은

皆是有相 (개시유상): 모두 나름대로의 해야 할 모습 [相]을 지니고 있는데

有相之法 (유상지법): 상(相)을 가진 6법으로

能出世也 (능출세야): 어찌 세간을 벗어나, 출세간에 이를 수 있겠습니까?

佛言(불언) 善男子(선남자): 부처님께서 말씀하셨다. 선남자여,

我所說六波羅蜜者 (아소설육바라밀자): 내가 설명한 6바라밀은

無相無爲 (무상무위): 모습이 없고, 의도함이 없는 무위(無爲)이니라.

何以故 (하이고): 까닭이 무엇인가?

1.

若人離欲 (약인이욕): 첫째, 만일 사람이 생각(i)의 욕심을 바라밀의 생각(i)로 재차 떠나보낸 경계에 들어가면

心常清淨 (심상청정): 마음이 항상 청정하고,

實語方便 (실어방편): 진실한 말과 방편으로

本利利人 (본리리입): 본래 깨달아 있던 자신의 본각의 이익으로 남들을 이롭게 하는 것이니,

是檀波羅蜜 (시단바라밀): 이를 보시바라밀이라 하느니라.

2.

志念堅固 (지염견고): 둘째, 의지와 생각이 견고하여

心常無住 (심상무주): 마음이 항상 어떤 생각(i)의 대상에도 머무름이 없고,

清淨無念 (청정무념): 청정하고 욕망과 번뇌가 없어 물듦이 없게 되어서,

不著三界 (불착삼계): 삼계에 집착하지 않게 되나니,

是尸羅波羅蜜 (시시라바라밀): 이것을 지계바라밀이라고 하느니라.

3.

修空斷結 (수공단결): 셋째로, 제법이 모두 공(空)한 이치로 생각(i)의 제상(諸相)이 그 상이 아님을 아는 바라밀의 생각(i)의 비상(非相)임을 알아

不依諸有 (불의제유): 일체의 존재에 의지하지 아니하고

寂靜三業 (적정삼업): 신, 구, 의 삼업(業)을 적정하게 하여

不住身心 (부주신심): 몸과 마음에도 머무르지 않으니,

是羼提波羅蜜 (시찬제바라밀): 이것을 인욕바라밀이라고 하느니라.

4.

遠離名數 (원리명수): 넷째, 이름(名)과 모든 존재대상들이 업(業)을 따라 받게 되는 '물질의 체'를 달리 가지게 된다는 6근, 12입, 18계 등의 생각(i)의 수(數)의 속박을 멀리 여의고,

斷空有見 (단공유견): 공(空)이라는 것에도 유(有)라는 것에도 견해를 끊는 바라밀의 생각(i)를 하면

深入陰空 (심입음공): 깊이 색, 수, 상, 행, 식의 오음이 모두 공(空)함에 들어가니,

是毘梨耶波羅蜜 (시비리야바라밀): 이것을 정진바라밀이라고 하느니라.

5.

俱離空寂 (구리공적): 다섯째, 공(空)함이라는 생각(i)도 적멸이라는 생각(i)도 함께 여의고,

不住諸空 (부주제공): 일체 모든 공의 세계에도 머무르지 아니하며,

心處無住 (심처무주): 마음이 〈머무름 없는데〉에 있으면서

不住大空 (부주대공): 크게 공함에도 머무르지 아니하여 불공성취의 길로 나아가니,

是禪波羅蜜 (시선바라밀): 이것을 선(禪)바라밀이라고 하느니라.

6.

心無心相 (심무심상): 여섯째, 마음에는 마음의 모습이 없어서, 생각(i)가 일어나지 않으나

不取虛空 (불취허공): 공적 연기라는 실체의 비어있음도 바라밀의 생각(i)로 취하지 않고

諸行不生 (제행불생): 어떤 의지적 바라밀의 생각(i)작용도 생하게 하지를 않아

不證寂滅 (부증적멸): 적멸을 증득하겠다는 바라밀의 생각(i)도 않으며,

心無出入 (심무출입): 마음이 어느 곳에도 나가고 들어옴이 없어서

性常平等 (성상평등): 그 본성은 항상 평등하며

諸法實際 (제법실제): 모든 법의 실제(實際)와 하나가 되어

皆決定性 (개결정성): 모두 결정성(決定性)을 지니지만

不依諸地 (불의제지): 일체의 경지에 의지하지 않고

不住智慧 (부주지혜): 지혜에도 머무르지 아니하니,

是般若波羅蜜 (시반야바라밀): 이것을 반야바라밀이라고 하느니라.

善男子 (선남자): 선남자여,

是六波羅蜜者 (시육바라밀자): 이 6바라밀은

皆獲本利 (개획본리): 모두 자신이 본래가지고 있는 본각의 이익을 얻어서

入決定性 (입결정성): 스스로 서원을 세워 실행 할 결정성(決定性)에 들어가

超然出世 (초연출세): 초연하게 세간의 모든 그릇된 상식을 빗어나니

無碍解脫 (무득해탈): 걸림 없이 모든 일과 업에 해탈하게 되느니라.

善男子 (선남자): 선남자여,

如是解脫法相 (여시해탈법): 이러한 해탈법의 모습은

皆無相行 (개무상행): 모두 모습이 없는 흐름의 작용이며,

亦無解不解 (역무해불해): 또한 벗어남과 벗어나지 않음도 없나니,

是名解脫 (시명해탈): 이것을 해탈(解脫)이라 하느니라.

何以故 (하이고): 왜냐하면

解脫之相 (해탈지상): 해탈의 모습은

無相無行 (무상무행): 모습도 없고, 흐름의 작용도 없으며,

無動無亂 (무동무란): 경계 따라 밖으로 구함과 바라는 것이 있어서 춤추는 움직임도 없고, 경계에 끌려 다니는 어지러움도 없는

寂靜涅槃 (적정열반): 항상 차분 냉정한 적정한 열반이며,

亦不取涅槃相 (역불취열반상): 또한 열반에 도달했다는 상(相)도 취하지 않느니라.

解脫菩薩 (해탈보살): 해탈 보살이

聞是語已 (문시어이): 이러한 말씀을 듣고

心大欣懌 (심대흔역): 마음으로 크게 기뻐하며

得未曾有 (득미증유): 일찍이 없던 가르침을 얻었다 생각하고,

欲宣義意 (욕선의의): 부처님께 배운 그 뜻을 자신도 더욱 널리 펼치고자

而說偈言 (이설게언): 게송으로 말하였다.

大覺滿足尊 (대각만족존): 큰 깨달음을 다 충족하신 세존께서

爲衆敷演法 (위중부연법): 중생을 위하여 법을 펼치시되

皆說於一乘 (개설어일승): 모두 1승법으로 설하시니

無有二乘道 (무유이승도): 2승의 길은 있을 수 없네.

一味無相利 (일미무상리): 해탈의 한 맛의 무상(無相)의 상이 다 없어진 이익은

猶如太虛空 (유여태허공): 마치 허공처럼 큰 것이어서

無有不容受 (무유불용수): 받아들이지 않는 것 없건만

隨其性各異 (수기성각이): 받아들이는 것이 각각 자기 그릇 따라 다르더라도

皆得於本處 (개득어본처): 모두 〈자신이 본래 있던 그 자리〉에 자리를 얻게 하셨네.

如彼離心我 (여피이심아): 부처님처럼 〈내가 있다는 집착, 이건 이렇게, 저건 저렇게 하는 법에 대한 집착〉을 놓아

一法之所成 (일법지소성): 일심 하나의 법으로 모두 이루어짐을 밝혀주시네.

諸有同異行 (제유동이행): 지금껏 해오던 모든 알려진 바와 차이나는 점도

悉獲於本利 (실획어본리): 〈본래 우리 자신의 깨달음〉의 이익을 다시 찾아

滅絶二相見 (멸절이상견): 〈내가 있다는 나〉와 〈지켜야만 하는 법이 있다는 법〉의 그 두 가지 상(相)의 견해를 모두 끊게 하셨네.

寂靜之涅槃 (적정지열반): 적정한 열반 또한

亦不住取證 (역부주취증): 깨달음을 취하는데 머물지 않으시고

入於決定處 (입어결정처): 결정적인 경지에 들어가니

無相無有行 (무상무유행): 모습도 없고 흐름의 작용도 없네.

空心寂滅地 (공심적멸지): 마음을 비운 열반적정의 경지는

寂滅心無生 (적멸심무생): 적멸한 마음도 생김이 없는 것이면서도,

同彼金剛性 (동피금강성): 저 금강의 바탕과 같아서

不壞於三寶 (불괴어삼보): 없는 것임에도 〈불 법 승 3보〉를 부수지
아니하고

具六波羅蜜 (구육바라밀): 6바라밀을 갖추어

度諸一切生 (도제일체생): 일체의 중생들 제도하시네.

超然出三界 (초연출삼계): 초연히 삼계를 벗어나게 하지만

皆不以小乘 (개불이소승): 모두 소승법으로 하지 않고

一味之法印 (일미지법인): 〈(0)의 실제 세계부터 (1)을 지나 무한한
(∞)〉까지의 불생불멸의 모든 존재들에게도 한 맛의 해탈의 법인
(法印)인

一乘之所成 (일승지소성): 〈1승으로 이루어진바〉 이옵니다.

爾時大衆 (이시대중): 그 때 대중들이

聞說是義 (문설시의): 부처님께서 이 뜻을 설하는 것을 듣고

心大欣懌 (심대흔역): 크게 기뻐하였으며,

得離心我 (득이심아): 모두 자신의 마음과 자신의 고집인 그렇다고
알고 있던 나(我)를 내려놓게 되었다.

3. (0)의 뿌리는 마음의 왕과 같아 전체 나무를 위해서 행동한다 –무생행품

$$\text{자연 상수 } e \;=\; \lim_{x \to \infty}\left(1 + \frac{1}{x}\right) = 2.71828$$

심왕 보살(心王菩薩)은 태어남 자체가 없었다는 무아(無我)를 완전히 이해했으면서도 윤회에 걸리지 않는 행위를 하는 무생행(無生行)을 할 수 있는 대단한 능력의 보살이다. 그렇다면 그에게 삼라만상 우주 대자연은 있는 것일까? 없는 것일까?

답부터 말하자면, 자연 역시 (0)과 (1)이 원융한 〈없지만 있는〉 인식의 존재이다.

그런데 오일러 아라한을 비롯한 서양의 석공아라한들은 자연을 어떻게 보았을까?

그들에게는 왜 〈자연 상수 e〉가 필요했을까?

무생행품 3-1

爾時 (이시): 그 때

心王菩薩 (심왕 보살): 심왕(心王) 보살이

聞佛說法 (문불설법): 부처님께서 지금 말씀해주시는 설법을 듣더니

出三界外 (출삼계외): 지금 가르침이 삼계를 벗어나는 삶을 영위할 수 있는 가르침이라는 것을 알고

從座而起 (종좌이기): 자리에서 일어나

叉手合掌 (쌍수합장): 손을 모아 합장하고

以偈問曰 (이게문왈): 게송으로 여쭈었다.

如來所說義 (여래소설의): 여래께서 말씀하신 뜻은

出世無有相 (출세무유상): 마음이 만든 상(相)으로 상놀음 하던 삶을 벗어나

可有一切生 (가유일체생): 존재하는 일체의 중생들에게

皆得盡有漏 (개득진유루): 자꾸 생겨나고 또 생기는 번뇌를 끝내게 하셨습니다.

斷結空心我 (단결공심아): 잘못 알고 있던 생각의 결박을 끊고, 마음도 〈나라는 존재도 공(空)한 존재〉임을 알면

是卽無有生 (시즉무유생): 바로 〈태어남, 생겨남 자체가 없던 것〉이었음을 알게 되는 것이라고 하셨는데

云何無有生 (운하무유생): 어떻게 〈내가 알고 있던 나〉가 이 지구에
태어나지 않았다면
而得無生忍 (이득무생인): 〈태어남, 생겨남 자체가 없던 것〉이라는
지혜를 얻을 수 있었겠습니까?

뫼비우스의 띠(Möbius strip)= 윤회

위의 그림과 달리 원래 뫼비우스 띠는 몇 가지 흥미로운 성질을
가진다. 어느 지점에서 띠의 중심을 따라 이동하면 출발한 곳과
반대 면에 도달할 수 있다. 이 상황에서 계속 나아가면 두 바퀴
를 돌아 처음 위치로 돌아오게 된다. 이러한 연속성에 의해 뫼
비우스 띠는 단일 경계를 가지게 된다. 한쪽 면은 3차원의 물질
의 몸을 가진 중생이고, 다른 반대편 쪽의 면은 비물질적 영체
만을 가진 4차원의 신 등의 존재를 표현할 수 있다.

그러나 모두 생각 (i)대로 자기 쪽 평면만을 간다. 그러나 도착

하면 자신도 모르는 사이에 반대편 쪽에 있게 된다. 그렇게 '죽었다 살았다'를 만 번 태어나고 만 번 죽는 운명이다. 부처님이 가르쳐준 지혜를 들어보지도 써보지도 못하고 그렇게 윤회한다. 한 번도 자기 마음의 왕이 되어보지 못하는 것이다.

부처님의 방법은 딱 하나! 생각 (i)의 뫼비우스 띠를 벗어나는 길은 The eye of providence 의 눈을 갖는 방법이다. 제일 위의 심왕 보살의 눈처럼 무생심(無生心)의 마음으로 무생행(無生行)을 할 때 뿐이다.

무생행품 3-2

爾時 (이시): 그 때

佛告 (불고): 부처님께서

心王菩薩言 (심왕 보살언): 심왕 보살에게 말씀하셨다.

無生法忍 (무생법인): 〈태어남, 생겨남 자체가 없던 것〉이라는 〈나의 가르침〉은

法本無生 (법본무생): 〈그 가르친 법〉도 그 실체는 말이고 언어이기에 없는 것이나

諸行無生 (제행무생): 모든 의식의 흐름은 〈태어남, 생겨남, 일어남, 발생함 자체가 없던 것〉이었으면서도

非無生行 (비무생행): 일어나고 사라지는 〈의식의 흐름〉마저 없던 것은 아니기에

得無生忍 (득무생인): 그리하여 〈태어남, 생겨남 자체가 없던 것〉이 었다는 지혜를 얻음이 따로 있다면

卽爲虛妄 (즉위허망): 그 〈얻음의 지혜〉도 공허하고 허망한 것이 되는 것이니라.

心王菩薩言 (심왕보살언): 심왕 보살이 부처님께 다시 여쭈었다.

尊者 (존자): 세존이시여,

得無生忍 (득무생인): 〈태어남, 생겨남 자체가 없다는 지혜〉를 얻은 것도

卽爲虛妄 (즉위허망): 허망한 것이라 한다면

無得無忍 (무득무인): 얻을 것도 없고, 그러한 지혜도 없어야

應非虛妄 (응비허망): 허망하지 않은 것입니까?

佛言 (불언): 부처님께서 말씀하셨다.

不也 (불야): 아니니라.

何以故 (하이고): 왜냐하면

無得無忍 (무득무인): 〈얻음도 없고, 그렇다는 것을 알게 된 지혜도 없다〉는 것은

是卽有得 (시즉유득): 그것은 얻음이 있다는 것이니라.

有得有忍 (유득유인): 얻을 것이 있고 그러한 지혜도 있다면

是卽有生 (시즉유생): 이것이 바로 그러한 마음이 〈생겨남〉이 되는 것이니라.

有生於得 (유생어득): 〈한 생각 일어난 놈〉이 어떤 것을 〈얻었다〉라는 것이나

有所得法 (유소득법): 〈어떤 것을 얻게 되는 법이 있다〉 라든지 한다면

並爲虛妄 (병위허망): 그것은 모두 허망한 것이 되고 마는 것이니라.

心王菩薩言 (심왕보살언): 심왕 보살이 여쭈었다.

尊者 (세존): 세존이시여,

云何無忍無生心 (운하무인무생심): 어떤 것이 지혜도 없고, 생함도 없는 마음이기에

而非虛妄 (이비허망): 허망한 것이 아닌 마음이라 하시는 것이옵니까?

佛言 (불언): 부처님께서 말씀하셨다.

無忍無生心者 (무인무생심자): 〈지혜도 따로 없고, 마음도 없다〉라는 무생의 마음이란...

心無形段 (심무형단): 마음이라는 것이 형태나 단락(段落)이 없는 것이니라.

猶如火性 (유여화성): 그것은 마치 불이라는 물질의 본 바탕이

雖處木中 (수처목중): 비록 나무속에 있지만

其在無所 (기재무소): 나무의 어느 곳이라고 할 수 있는 상태가 없는

決定性故 (결정성고): 아직 결정된 바가 없는 속성이므로

但名但字 (단명단자): 중생들의 말로 하자니 단지 그렇다고 이를 뿐이요,

性不可得 (성불가득): 본질은 얻어질 수 없는 것이니라.

欲詮其理 (욕전기리): 불의 이치를 드러내기 위해

假說爲名 (가설위명): 할 수 없이 말을 빌리고, 그렇게 표현했지만

名不可得 (명불가득): 그 표현의 말도 얻을 수 없는 것이니라.

무실(實) 무허(虛)의 마징가 부처의 Z

$$z = a + bi$$

實-실수 虛-허수

위 식은 복소수의 식이다. (1)과 자신의 수 아니면 나누어지지 않는 수인 소수(素數)는 최대공약수, 최소공배수도 구할 수 없다. 누구와도 융합할 수 없는 것이다. 불행히도 현대 사회에는 소수와 같은 사람들이 많이 있다. 그들을 구할 수 있는 수는 복소수(複素數)이다.

『금강경』에는 부처님의 가르침이 먹고 사는 문제에 실질적 도

움이 되는 실한 것도 아니지만, 쓸모없는 허망한 가르침도 아니라는 무실무허(無實無虛)라는 말이 거듭 거듭 나온다. 석공의 아라한 무리들은 『금강경』의 그 가르침을 이렇게 막강한 복소수로 표기하는데 성공했다. 보라! 그렇지 않은가?

그런데 허수는 어떤 이유로 복소수를 만들 필요성이 생긴 것일까? 이것은 아주 중요하다. 그 답은 〈볼 수 없는 것〉을 보게 하기 위해서다. 부처님은 볼 수 없는 것을 보게 하기 위해서 말할 수 없는 것을 말하셨지만, 부처님의 제자 아라한들은 그것이 너무 갑갑했나보다. 기어이 다시 몸 받아 나와서 이런 허수를 생각해 낸 것이다. 왜? 볼 수 없는 것을 어리석은 중생들이 볼 수 있도록, 그리고 어느 한 중생도 남김없이 다 구제하도록.

허수인 (i)는 영어로 imaginary (생각), image (상(相))이니, 부처님의 제자 석공 아라한들이 얼마나 정확한 분들인가?

무생행품 3-3

心相 (심상): 마음에서 만들어내는 모든 상(相)도

亦爾 (역이): 그러하여서

不見處所 (불견처소): 그 있는 곳을 볼 수가 없는 것이니,

知心如是 (지심여시): 마음이 이러한 것인 줄 알게 되면

卽無生心 (즉무생심): 이것이 바로 무생심이라고 하는 것이니라.

善男子 (선남자): 선남자여,

是心性相 (시심성상): 중생들이 알고 있는 그 마음의 바탕과 모습은

又如阿摩勒果 (우여아마륵과): 씨가 땅에 떨어지면 더 무성하게 그 씨앗을 키워 더 많은 열매를 맺는 '아마륵'이라고 하는 과일과 같아서

本不自生 (본부자생): 열매 스스로 생긴 것도 아니고,

不從他生 (부종타생): 다른 것이 있어서 그 열매가 생긴 것도 아니며,

不共生 (불공생): 다른 것과 함께 더불어 생긴 것도 아니요,

不因生 (불인생): 그렇다고 뿌리라는 (0)의 ''근원적 원인에서만 생긴 것도 아니고,

不無生 (불무생): 그렇다고 (1.2.3.4...의)원인 없이 그 열매가 생긴 것도 아니니라.

何以故 (하이고): 왜냐하면

緣代謝故 (연대사고): 끊임없이 새로운 '연(緣)'과 옛 '연'이 번갈아 가면서 일어나는 것에서 연유하기 때문이니라.

緣起非生 (연기비생): '연'이 만들어지고, 일어나지만, 그 '연'이 〈생긴 것〉은 아니며,

緣謝非滅 (연사비멸): '연'이 바뀌고, 이어지지만, 앞의 '연'이 〈소

멸하는 것〉도 아니니,

隱顯無相 (은현무상): 내가 말하는 〈무생(無生)의 마음〉도 숨어 드러나지 않아, 상(相) 자체가 없는 것이니라.

根理寂滅 (근리적멸): 무생심의 근본적인 이치는 무실무허의 적멸로

在無有處 (재무유처): 어디 딱히 딱 집어서, 장소라고 할 수 없는 장소에 있으며,

不見所住 (불견소주): 머무르는 것도, 나오기를 대기하고 있던 장소도 볼 수 없나니,

決定性故 (결정성고): 그것은 바로 〈결정성(決定性)의 성격〉 때문이니라.

是決定性 (시결정성): 이 결정성의 성격은 잠들기 전의 나, 잠든 나, 가 둘이 있지만

잠에서 깨어나야지! 라고 결정하면 결국 하나의 나로 결정되듯이

亦不一不異 (역불일불이): 우리가 아는 마음과 무실무허(無實無虛)로 동일한 것도, 다른 것도 아니며

不斷不常 (부단불상): 그 마음은 무실무허로 아주 없어지는 것도, 늘 있는 것도 아니며

不入不出 (불입불출): 역시 무실무허로 들어가는 것도 아니며, 나오는 것도 아니요,

不生不滅 (불생불멸): 또 무실무허로 생기는 것도 아니며, 소멸하는 것도 아니니라.

離諸四謗 (이제사방): 그 실상의 마음인 무생심은 있다/ 없다/ 있기

도 하고 없기도 하다/ 있는 것도 아니고, 없는 것도 아니다! 라는 중생들의 논리를 떠나서

言語道斷 (언어도단): 말의 길이 끊어진 곳에 있느니라.

無生心性 (무생심성): 무생심의 속성은 이와 같이

亦復如是 (역부여시): 잠들기 전의 나, 잠든 나, 잠에서 깬 나, 셋의 다른 나가 결국은 〈하나의 나〉인 것과 같으니라.

云何說生不生 (운하설생불생): 그러니 어떻게 생겨남과 생겨나지 않음,

有忍無忍 (유인무인): 그러한 실상의 지혜라는 것이 따로 있음과 없음을 말할 것인가?

若有說心 (약유설심): 만일 마음에

有得有住 (유득유주): 무생의 마음을 얻음이 있느니, 머묾이 있느니,

及以見者 (급이견자): 또 그 이치를 보느니, 하고 말하는 자가 있다면,

卽爲不得 (즉위부득): 그런 사람들은 아무것도 얻을 수가 없는데

阿耨多羅三藐三菩提 (아뇩다라삼먁삼보리): 아뇩다라삼먁삼보리의 궁극지는 커녕

般若 (반야): 〈반야의 지혜〉를 얻지 못하고,

是爲長夜 (시위장야): 영원히 어둠의 미망 속에서 있게 되는 것이니라.

了別心性者 (요별심성자): 마음의 속성을 확정적으로 구별(了別)하여 알고자 하는 사람들은

知心性如 (지심성여): 마음의 본바탕이 이와 같은 줄을 알아서

是性亦如是 (시성역여시): 부처의 마음, 여래장의 마음. 그 속성도 또한 이와 같이

是無生無行 (시무생무행): 없던 것이 생긴 것도 아니고, 그 마음작용이 없는 것도 아니니라.

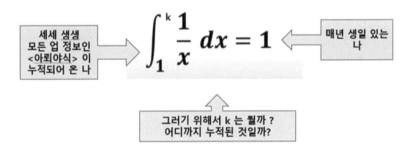

석공 아라한들은 누구나 당연한 것으로 알고 있는 태어난 나를 의미하는 수의 첫 수인 (1)을 쪼개고 또 쪼개는 일을 하다가, 이러한 무더기 적분 ($\int_{1}^{k} 1/x\,dx$)을 찾아내고야 말았다.

적분(積分)이란 무엇인가? 쪼개고 쪼갠 것을 다시 쌓아 무더기를 이룬다는 말이다. 그런데 어디까지 쌓은 무더기가 나를 만들었다는 말인가? 그것을 알려면 위 식에서 (k)를 찾으면 되는 것이었다.

그리고 그 (k)는 놀랍게도 자연 상수 (e) 임이 밝혀졌다. 자연 상수는 (Euler's Number) 저 상수를 처음으로 공식적 사용을 한 오일러 아라한의 첫 이름자인 e 를 썼다는데, 후에 동양의 일본의 석공 아라한들이 〈자연상수(自然常數) e〉라고 제대로 이름을 붙여두었다. 무슨 말인가? 왜 아라한들은 자연 상수 e 를 찾으려고 했던가? 도대체 저 (e)가 왜 필요했을까? 이미지 상 (Image) 그리고 생각 상 이메진(Imaginary) 의 허수 허상의 수 (i)는 〈보이지 않는 것을 보려고 만들어 낸 수〉임을 밝혔다.

마찬가지로 자연 상수 (e)는 고정되어 있는 것과 움직이고 변화하는 것이 있는데 그 중에서도 성장하는 것을 볼 수는 없지만 보게 하기위해서 꼭 필요했던 수(數)이다. 불교식으로는 법계의 살림살이에 꼭 필요한 수이며, 삼라만상 우주 대자연의 성장을 확인하는데 꼭 필요한 수이기도 하다. 필자는 〈개별 화엄(華嚴) 상수(常數)〉라고 생각한다. 즉 다시 말해서 우주의 성장과 개인의 성장에 필요한 최대의 수를 말한다. 그런데 그 수는 일반인들은 절대로 3을 넘지 않는다. 자연 상수 (e)는 무리수로서 약 2.718... 2.718...로 끝없이 이어질 뿐, 3을 넘지 못한다. 물론 해탈을 하면 3을 넘어선다. 힌트를 주자면, 우리는 설날 아침에 어른들에게 세배를 드린다. 1배를 한다. 돌아가신 조상님들과 신(神)들에게는 2배를 한다. 3배를 하는 경우는 오직 깨달음 사람에게만 하는 법이다. 한국 전통 혼례에서는 신랑은 신부에게 맞절을 하며 2배를 한다. 신부는 얼굴을 가리고 있다. 그 이유는 그 짝수 절은 신부집 조상에게 하는 절이기 때문이다. 반면 신부는 신랑에게 4배를 올린다. 역시 신랑은 부채로 얼굴을 가리는 것이 정상이다. 절을 받는 분들은 신랑 측 조상들이 2배, 신부 측 조상들이 2배씩을 받아야하기 때문이다.

무생행품 3-4

心王菩薩言 (심왕보살언): 심왕 보살이 여쭈었다.

尊者 (존자): 세존이시여,

心若本如 (심약본여): 만일 마음은 본래 여여(如如)해서

無生於行 (무생어행): 생겨남이 없기에, 행해짐도 없다면

諸行無生 (제행무생): 어떤 벌어지는 일도, 생겨날 일도 없을 것이며,

生行不生 (생행불생): 어떤 일이 생겨도, 아무 일도 생기지 않은 것이니

不生無行 (불생무행): 생겨난 일도 없으니, 나는 아무 한 일도 없다! 하는 것이

卽無生行也 (즉무생행야): 바로 무생행(無生行)이 되는 것이옵니까?

佛言 (불언) 善男子 (선남자): 부처님께서 말씀하셨다. 선남자여,

汝以無生 (여이무생): 그대는 어떤 마음이 〈생겼지만, 어떤 생긴 일

도 없는 이치〉로

而證無生行也 (이증무생행야) : 무생심을 이제 체험으로 증명헤 얻었다는 말이냐?

心王菩薩言 (심왕보살언) : 심왕 보살이 아뢰었다

不也 (불야) : 아니옵니다.

何以故 (하이고) : 왜냐하면

如無生行 (여무생행) : 무생심으로 행할 수 있는 행위라면

性相空寂 (성상공적) : 그 행위의 의도와 성품, 그리고 행위의 형상(相)자체가 모두 공(空)하고 적적한 것이어서

無見無聞 (무견무문) : 그 모든 것은 볼 수도 없고, 들을 수도 없으며,

無得無失 (무득무실) : 얻을 수도 없고, 잃을 것도 없으며,

無言無說 (무언무설) : 말도 없고, 해설도 없으며,

無知無相 (무지무상) : 아는 것도 없고, 모습도 없으며,

無取無捨 (무취무사) : 취할 것도 없고 버릴 것도 없는 것일진대

云何取證 (운하취증) : 어떻게 제가 감히 증득한다고 하겠습니까..

若取證者 (약취증자) : 만일 체험으로 증득해야지만 그 마음을 깨달음이 얻는 것이라고 한다면

卽爲諍論 (즉위쟁론) : 중생들의 입과 혀 위에서 시비와 쟁론(爭論)이 되고 마는 것이니,

無諍無論 (무쟁무론) : 다툴 것도 없고 논의할 것도 없는 것이

乃無生行 (내무생행) : 〈그 무생심의 행동〉이 되기 때문입니다.

佛言 (불언): 부처님께서 말씀하셨다.

汝得阿耨多羅三藐三菩提也 (여득아뇩다라삼먁삼보리야): 그러면 너는 아뇩다라삼먁삼보리를 얻었다는 말이냐?

心王菩薩言 (심왕 보살언): 심왕 보살이 아뢰었다.

尊者 (존자): 세존이시여,

我無得 (아무득): 저는 얻은 것이 아니옵니다.

阿耨多羅三藐三菩提 (아뇩다라삼먁삼보리): 아뇩다라삼먁삼보리도 그렇습니다.

何以故 (하이고): 왜냐하면

菩提性中 (보리성중): 아뇩다라삼먁삼보리라는 깨달음의 바탕 속에는

無得無失 (무득무실): 얻을 것도 없고, 잃을 것도 없으며,

無覺無知 (무각무지): 깨달을 것도 없고 알 것도 없으며,

無分別相 (무분별상): 보고, 듣고, 지각(知覺)하고 알고 할 그 어떤 분별할 상도 없기 때문입니다.

無分別中 (무분별중): 이런 저런 견, 문, 각, 지의 분별이 없는 속에서

卽淸淨性 (즉청정성): 실상세계의 청정한 바탕에 합일하는 것이니,

性無間雜 (성무간잡): 그 청정지혜에는 아무것도 혼합되어 있지 않고,

無有言說 (무유언설): 말도 설명도 있을 수가 없습니다.

非有非無 (비유비무): 또한 있는 것도 아니며, 없는 것도 아니고,

非知非不知 (비지비부지): 아는 것도 아니며, 모르는 것도 아닙니다.

諸可法行 (제가법행): 모든 존재하는 법이 일어남의 이치도

亦復如是 (역부여시): 또한 이와 같습니다.

何以故 (하이고): 왜냐하면

一切法行 (일체법행): 일체의 모든 〈존재하는 법이 일어남의 이치〉는

不見處所 (불견처소): 있는 곳을 볼 수 없으며,

決定性故 (결정성고): 결정을 짓고, 확정을 짓는 성품(決定性)이 있기 때문에

本無有得不得 (본무유득부득): 근본적으로 누가 얻으니, 누구는 얻지 못하느니 하는 것이 있을 수 없는데,

云何得阿耨多羅三藐三菩提 (운하득아뇩다라삼먁삼보리): 어떻게 제가 아뇩다라삼먁삼보리를 얻었다고 하겠습니까?

佛言 (불언): 부처님께서 말씀하셨다.

如是如是 (여시여시): 그러하니라, 그러하니라.

如汝所言 (여여소언): 그대가 말한 것처럼

一切心行 (일체심행): 일체의 마음의 행위는

不過無相 (불과무상): 어떤 형상도 갖출 수 없는 것이며

體寂無生 (체적무생): 공적(空寂)한 것이기에 그 마음의 본체라는 것은 없던 것이 생겨나거나, 없던 것을 얻는 것이 아닌 무생(無生)이며

所有諸識 (소유제식): 모든 법은 오직 인식됨에 있다! 이기에

亦復如是 (여부여시): 너는 이제 잊고 지냈던 너의 마음의 본체를 인식한 것이기 때문이니라.

何以故 (하이고): 어째서 그러한가?

眼 (안): 사람들은 눈이 있고

眼觸 (안촉): 그 눈의 감각으로 대상과 접촉하여 연(緣)을 발생시키지만

悉皆空寂 (실개공적): '연'으로 생기고, '연'으로 소멸하는 모든 이미지 생각의 (i)는 그 정체가 공(空)하고 적멸(寂滅)한 것이며,

識亦空寂 (식여공적): 그렇게 인식(識)되어 진 것도 공적하여

無有動 (무유동): 눈의 어떤 기능이 작동함으로 생기는 것도 아니고

不動相 (부동상): 잊고 지냈던 성품의 작용으로 그 상이 생기는 것이니라.

內無三受 (내무삼수): 안으로 좋다. 싫다. 모르겠다. 라는 3수(受)가 없으니

三受寂滅 (삼수적멸): 그 세 가지 인식으로 받아들임이 모두 적멸해지게 되며.

안(眼) 이(耳) 비(鼻) 설(舌) 신(身) 의(意) 의식(意識): 6가지 몸의 감각 즉 눈, 귀, 코, 혀, 몸, 마음 그리고 의식의 발동이 그러하고

及以末那 (급이말라): 윤회의 주범인 (+1)의 내가 있다고 믿는. 말나식(末那)과

阿梨耶識 (아리야식): 그 윤회의 재료를 모두 저장하고 있다가 제공하던 아뢰야식도 아무리 쪼개고 쪼개어 다시 모아 쌓아본들 (1)을 이룬 ($\int_1^k 1/x\,dx$)도

亦復如是 (역부여시): 그 본래 자성은 없는 것들이니라.

皆亦不生(개역불생): 모두 생겨난 것이 아닌

寂滅之心 (적멸지심): 모두 그 본질은 적멸한 마음이며,

及無生心 (급무생심): 인연 따라 생기고, 인연 따라 사라지는 연생연멸의 생겨남이 없는 마음이니라.

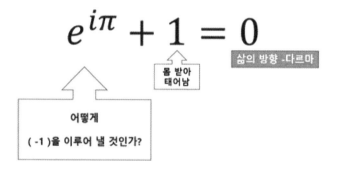

($e^{i\pi}$)이 수의 어머니인 〈자연 상수 e〉를 처음 창안해내는데 성공한 존 네이피어(John Napier of Merchiston Arahat) 아라한은 물리학자이며 천문학자이며 수학자였다. 그는 복잡하고 큰 것을 간단하게 만들어 볼 수 없는 것을 보게 하고 들을 수 없는 것을 들

게 하려는 부처님 제자다운 생각을 하고 있었다. 후에 오일러 아라한이 이것을 공식적으로 사용한 것이다.

그런데 우리 문제로 돌아가서 우주 대자연의 수인 (e)와 (생각이나 이미지 i)는 당시 석공의 아라한들이 왜 필요하게 되었을까?를 설명했다. 그런데 그 아라한들보다 훨씬 이전에 또 천문학자이며 과학자이며 수학자였던 석공 아라한인 아르키메데스 아라한은 (π) 가 왜 필요했을까? (π)는 우주의 자녀인 원($\boxed{圓}$)을 갖기 위해서였다. 우주의 크기, 우주의 면적을 알기 위해서였다. 원을 정확히 찾으면 모든 것을 찾을 수 있기 때문이다. 그러나 (π) 역시 자연 상수 (e)나 드브로이 상수 (h)처럼. 끝 없이 끝없이 이어지는 무리수이다. 즉 인간으로서는 정답을 구할 수 없는 하늘의 감추어진 수들이다.

그런 (e, i, π) 를 삼각함수로 만들어 인간이 사용할 수도 있다. 그러나 부처님은 일부러 어렵게 우리를 인도하지 않는다. 왜냐하면 ($e^{i\pi}$) 는 그 자체로 (-1)로 가고 있기 때문이다. 성주괴공으로 그렇게 된다. 성주괴공 (成住壞空)'은 불교에서 〈만물이 유전 변화하는 모습〉을 설명하는 말로, 인간 기준으로 생주이멸 (生住異滅)과 같은 말이다. 즉 ($e^{i\pi}$)을 (-1)로 만드는 것은 (0의 법신 부처들)이 하는 일이다. 물론 우리 모두 잠들어 뻗어있는 법신 부처가 있다. 그들을 깨워야하는 것이 금생에 반드시 할 일이다. 깨우지 못하면 알고라도 죽어야한다. 우리가 해야 하는 쉬운 길은 (+1)을 (상(相)의 i)를 (생각의 i)로 (i²)을 만들어 (-1)을 이루어 내어 (0)으로 환지본처 하는 것이다.

무생행품 3-5

若生寂滅心 (고생적멸심): 만일 〈색의 나〉가 아닌 적멸한 마음인 생각(i)를 일으키겠다거나

若生無生心 (약생무생심): 〈공의 나〉의 생(生)함이 없는 마음인 생각(i)를 일으키겠다고 한다면

是有生行 (시유생행): 그것도 〈생(生)함이 있는 행함〉이요,

非無生行 (비무생행): 〈생함이 없는 행함〉이 아니니라.

內生三受 (내생삼수): 보살은 따라서 내부적으로 세 가지 감정,

三行三戒 (삼행삼계): 〈몸, 말, 마음의〉세 가지 카르마 형성,

그리고 세 가지 도덕적 계율인

첫째. 모든 악을 종식시키겠다고 맹세하는 규율,

둘째. 모든 선행을 기르겠다는 서원,

셋째. 모든 중생을 해방시키겠다는 서원이 생기게 되는 것이니라.

若以寂滅 (약이적멸): 만일 이미 일어난 마음인 생각(i)를 반야의 생각(i)로 적멸하게 하여

生心不生 (생심불생): 허공처럼 어떤 계산하는 마음도 일어나지 않게 하면

心常寂滅 (심상적멸): 마음은 (0)~~~ (∞)까지 항상 적멸해져서

無功無用 (무공무용): 공덕도 없고 작용도 없으며,

不證寂滅相 (부증적멸상): 적멸의 모습도 증득하지 않고

亦不住於無證 (역부주어무증): 그렇다고 증득함이 없는 데도 머무르지 않게 되느니라.

可處無住 (가처무주): 모든 곳에 머무름이 없게 되어

摠持無相 (총지무상): 일체 내가 그렇다고 알고 있는, 그렇게 보고 있는 모든 상(相)이 가상현실과 같은, 실제로는 없는 무상(無相)임을 알게 되면

卽無三受 (즉무삼수): 좋다! 싫다! 무덤덤하다!의 3가지 느낌

三行 (삼행): 몸, 말, 마음의 3행과

三戒 (삼계): 3가지 서원의 3계가 없어져,

悉皆寂滅 (실개적멸): 모두 적멸해져서

淸淨無住 (청정무주): 청정하고 머무름도 없어지고

不入三昧 (불입삼매): 삼매에도 들어가지 아니하고

不住坐禪 (부주좌선): 좌선(坐禪)에도 머무르지 아니하며

無生無行 (무생무행): 생함도 없고, 행함도 없게 된다고 하는 것이

니라.

心王菩薩言 (심왕보살언): 심왕 보살이 여쭈었다.

禪能攝動 (선능섭동): 선(禪)은 능히 움직임을 거두어서

定諸幻亂 (정제환란): 가지가지의 허깨비와 어지러움을 안정시키거늘

云何不禪 (운하불선): 어찌하여 선에 머무르라고 하지 않으십니까?

佛言 (불언): 부처님께서 말씀하셨다.

菩薩 (보살): 보살이여,

禪卽是動 (선즉시동): 선은 곧 좌선을 해야겠다! 행선을 해야겠다! 참선에 들어야겠다! 라는 마음의 움직임인 생각(i)가 수반이 되니

不動不禪 (부동불선): 대상을 쫓아 움직이지도 않고, 좇아가지 말아야지 하는 선(禪)도 행함이 아닌 생각(i)인 것을,

是無生禪 (시무생선): 어떤 것도 어떤 생각(i)도 생겨남이 없는 선!을 참선이라고 하느니라.

禪性無生 (선성무생): 물론 선의 근본 바탕은 생함이 없는 (0)이기는 하나

離生禪相 (이생선상): 참선을 해야겠다. 죄선을 해야겠다! 라는 선(禪)을 꾸미는 형상(禪相)의 생각(i)마저도 떠나야 하는 것이요.

禪性無住 (선성무주): 선의 본성은 머무름이 없는 것이니

離住禪動 (이주선동): 선에 머무르려고 하는 움직임의 생각(i)도 떠나야 하는 것이니라.

若知禪性 (약지선성): 만일 그렇게 선(禪)의 자성이

無有動靜 (무유동정): (0)의 본래자리에서 움직임도 고요함도 없는 줄 안다면,

卽得無生 (즉득무생): 그제서야 비로소 무생을 얻고,

無生般若 (무생반야): 무생 반야도 또한

亦不依住 (역불의주): 의지하거나 머물지 않아

心亦不動 (심역부동): 마음 역시 움직이지 않나니,

以是智故 (이시지고): 이러한 지혜 때문에

故得無生般若波羅蜜 (고득 무생반야바라밀): 무생의 생각(i)인 반야와 바라밀의 행인 생각(i)로 비로소 반야바라밀을 얻어 진정한 (0)에 환지본처하게 된다고 하는 것이니라.

범소유상 (凡所有相) - 모든 1.2.3.4..로 있다!로 존재하는 것은

개시허망 (皆是虛妄) - 모두 알고 보면 -1, -2, -3 ,-4 로 돌아간다

약견제상비상 (若見諸相非相) - 그런데 보이는 1.2.3.4 .가 (생각 I), (相 i) 의 1.2.3. 4 인줄 알면

즉견여래 (卽見如來) - 그대는 1.2.3.4···는 물론 (0)~~~ (∞)까지 모든 것을 다 보고 알게 되리라

반야가 무엇인가? (1)이 생각의 (1) 임을 아는 것이다.

바라밀이 무엇인가? 생각과 상이 〈허수이자 허상인 생각과 상의 1〉임을 알기에 그 (1)에 묶여 지내지 않고 뗏목타고 후르륵 가는 것이다.

어디서 어디로 가는 것일까? (0)~~~ (∞)로 가는 것이다. 그런데 이제 알지 않은가? 뫼비우스의 띠에서 (0) 과 (∞)은 한 자리라는 것을.

그래서 $(\frac{1}{0})$ 은 (∞)이며 $(\frac{1}{\infty})$ 은 (0) 인 것이다. 이는 여래장의 작동 근원이기도 하다.

무생행품 3-6

心王菩薩言 (심왕보살언): 심왕 보살이 여쭈었다.

尊者 (존자): 세존이시여,

無生般若 (무생반야): 생함이 없는 반야지(無生般若)는

於一切處 (어일체처): 어디에도

無住 (무주): 머무르지 않으므로

於一切處 (어일체처): 어디에서도

無離 (무리): 떠나지 않습니다.

心無住處 (심무주처): 마음이 머물 곳이 없으며,

無處住心 (무처주심): 어떤 처소에 머무르겠다는 마음도 없습니다.

無住無心 (무주무심): 머묾도 없고, 마음도 없으며,

心無生住 (심무생주): 마음이 생함도, 머묾도 없고

如此住心 (여차주심): 이와 같이 머무는 마음이면

卽無生住 (즉무생주): 바로 〈태어남, 생겨남이 없는, 마치 허공과 같은 머무름〉입니다.

尊者 (존자): 세존이시여,

心無生住 (심무생주): 〈태어남, 생겨남이 없는, 마치 허공과 같은 머무름〉이라는 것은

不可思議 (불가사의): 헤아려 생각할 수 없는 것이며

不思議中 (부사의중): 어찌 생각할 수도 없는 것을

可不可說 (가불가설): 말로 표현한다, 못한다 할 수 있겠습니까?

佛言 (불언): 부처님께서 말씀하셨다.

如是如是 (여시여시): 그러하니라, 그러하니라.

心王菩薩言 (심왕보살언): 심왕 보살은 이러한 말씀을 듣고

歎未曾有 (탄미증유): 처음 있는 일이라 찬탄하면서

而說偈言 (이설게언): 게송으로 여쭈었다.

滿足大智尊 (만족대지존): 큰 지혜 원만하신 세존께서

廣說無生法 (광설무생법): 생김 없는 법을 널리 말씀하시네.

聞所未曾聞 (문소미증문): 일찍이 듣지 못한 바를 듣게 하시니

未說而今說 (미설이금설): 아직 설하지 아니한 법. 이제 말씀하시네.

猶如淨甘露 (유여정감로): 마치 깨끗한 감로수가

時時乃一出 (시시급일출): 때때로 한 번 나타나듯이

難遇難思議 (난우난사의): 만나기도 어렵고 헤아리기도 어려운데,

聞者亦復難 (문자역부난): 듣는 것 역시 어려워라.

無上良福田 (무상량복전): 위없이 좋은 복전(福田)이요.

最上勝妙藥 (최상승묘약): 최상의 미묘한 약(藥)이어서

爲度衆生故 (위도중생고): 널리 중생을 건지시려고

而今爲宣說 (이금위선설): 이제야 말씀을 펼치시었네.

爾時 衆中 (이시 중중): 그 때 대중들은

聞說此已 (문설차이): 모두 부처님의 이러한 설법을 듣고,

皆得無生 (개득무생): 〈생겨남이 없으면서도 작용이 있는 무생의 이치〉와

無生般若 (무생반야): 무생(無生)의 반야를 얻게 되었다.

문제에서
벗어나는 방법

4. 뿌리 (0)의 본각은 뿌리의 이익에만 머물지 않는다. -본각리품

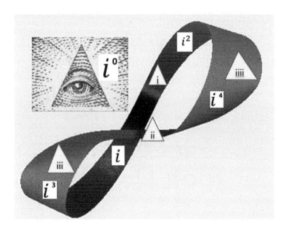

뫼비우스의 띠! 안쪽에서 시작하지만 도착하면 반대쪽이고, 저쪽에서 시작하면 이쪽에서 끝난다. 모든 중생은 3차원에서 살다가 4차원으로, 4차원에서 살다가 다시 3차원으로 그렇게 끊임없이 윤회를 한다. 비유하면 안쪽에서 육신이 아닌 영체를 가진 세모의 신(神)들을 보자! 신(神)들도 무명의 한 생각으로 시작이 된다. 그 시작은 꼬리에 꼬리를 물고 이어진다.

이렇게... →i→ ii→ iii→ iiii →i

그럼 바깥 쪽 네모 모양의 인간의 입장에서 한 생각 일으켜보자! 역시 마찬가지다! $i^1 \rightarrow i^2 \rightarrow i^3 \rightarrow i^4 \Rightarrow i^1$.....

『천부경』에서 이 뫼비우스의 띠를 〈3.4.5가기를 마치 반지 돌 듯 돌다가 5.7.1로 묘(妙)하게 연(衍)한다.〉 그러나 그래봐야 (1)이다. (0)에 도착하지 못하고, 뫼비우스의 띠에 머물러있는 존재일 뿐이다. 무주(無住) 보살은 이 뫼비우스의 띠에서 벗어난 분이다. 자신의 열매로 또 하나의 뿌리를 시작하기 때문이다.

뫼비우스의 띠에 더 이상 머무름이 없는 보살은 생각(i)가 없는 분일까? 아니다. 위 그림을 보라. 그는 생각이 있다. 그러나 생각(i^0)다! 생각(i^0)은 얼마로 표현할까? (1)이다. 일념, 일미, 일각, 일심의 (1)이다

본각리품 4-1

爾時 (이시): 그 때

無住菩薩 (무주보살): 무주(無住) 보살은

聞佛所說 (문불소설); 부처님께서 말씀하신 (0)과 (1)이 여여 하여

一味眞實 (일미진실): 누구에게나 동일한 한 가지 맛이고 진실의

〈법계의 살림살이〉에 관한

不可思議 (불가사의): 불가사의한 법을 듣고,

從遠近來 (종원근래): 먼 곳에 있다가 가까운 곳으로 와서

親如來座 (친여래좌): 부처님 계신 자리로 다가가

專念諦聽 (전념제청): 오직 부처님 말씀을 듣겠다는 일념으로 자세히 들은 후

入淸白處 (입청백처): 청정한 지혜의 경지에 들어가

身心不動 (신심부동): 몸과 마음이 외부 경계로 쫓아감이 없는 부동경지에 이르러 움직임이 없었다.

爾時 (이시): 그 때

佛告 (불고): 부처님께서

無住菩薩言 (무주보살언): 무주 보살에게 말씀하셨다.

汝從何來 (여종하례): 그대는 어디에서 와서

今至何所 (금지하소): 지금 어디에 있는가?

無住菩薩言 (무주보살언): 무주 보살이 답했다.

尊者 (존자): 세존이시여,

我從無本來 (아종무본래): 저는 〈어디라고 할 수 없는 곳〉에서 와서

今至無本所 (금지무본소): 이제 〈어디라고 할 수 없는 곳〉에 이르렀습니다.

佛言 (불언): 부처님께서 말씀하시기를

汝本不從來 (여본부종래): 너는 본래 온 곳도 없고

今亦不至所 (금역부지소): 이제 도달한 곳도 없다고 하니

汝得本利 (여득본리): 그대가 얻은 본각(本覺)의 이익은

不可思議 (불가사의): 중생들이 생각과 알음알이로 되는 것이 아닌 일이니

是大菩薩摩訶薩 (시대보살마하살): 이 보살은 참말로 위대한 보살마하살이니라, 하셨다.

卽放大光 (즉방대광): 그리고는 바로 큰 광명을 놓으시며

遍照千界 (변조천계): 수많은 천여 개의 세계를 두루 비추시면서

而說偈言 (이설게언): 게송으로 말씀하셨다.

大哉 (대재): 위대하도다.

菩薩 (보살): 보살이여.

智慧滿足 (지혜만족): 지혜가 가득하게 충족되어 갖추고

常以本利 (상이본리): 항상 〈본래 그 자리의 이익 됨〉으로

利益衆生 (이익중생): 모든 중생들을 이롭게 하겠구나.

於四威儀 (어사위의): 행동을 하고, 머무르고, 앉고, 누워있어도

常住本利 (상주본리): 항상 〈본각의 이익〉됨에 머물러

導諸群庶 (도제군서): 모든 중생을 이끌어 주면서도

不來不去 (불래불거): 오는 것도 아니고, 가는 것도 아니라 하는구나.

爾時 (이시): 그 때

無住菩薩 (무주보살): 무주 보살이

而白佛言 (이백불언): 부처님께 여쭈었다.

尊者 (존자) : 세존이시여,

以何利轉 (이하리전): 〈본각이 수많은 이익 됨〉중에 어떠한 이익을 전환하여

而轉衆生 (이전중생): 모든 중생의 감정을

一切情識 (일체정식): 그 일체의 감정에서 일어나는 인식을 전환 변화시켜야

入唵摩羅 (입암마라): 〈암마라식〉에 들어갈 수 있게 하겠습니까?

佛言 (불언): 부처님께서 말씀하셨다.

諸佛如來 (제불여래): 모든 부처 여래들께서는

常以一覺 (상이일각): 항상 모든 생각(Imaginary) 과 상(相- Image)이 (상과 생각이 ♪)인 일념, 일미, 일각, 일심의 (0과 1)이 원융한 법계에 계시느니라.

而轉諸識 (이전제식): 그리하여 너희들도 모든 중생의 감정의식 (識)을 전환, 변화시켜

入唵摩羅 (입암마라): 암마라식에 들어가게 해야 하느니라.

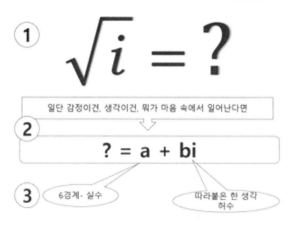

암마라식에 들어가는 방법은 생각(i)가 없는 무심이거나, 상과 생각이 (i^0) 일 때다.

그러나 필자를 비롯한 일반 중생들은 바깥 대상과 눈, 귀, 코, 혀, 몸으로 무엇인가를 보거나 듣거나 접촉하면, 즉각적으로 한 생각 식(識)이 발동이 된다.

위 식에서 그 6 대상 6경계는 (a)인 실수(實數)부라고 하고, 그것에 대한 느낌과 감정은

각자의 체험에 따라 다르므로 (b)로 바뀌기에, 그 바뀐 생각을 동반하므로 (i)가 되는데, 허수(i)가 붙어 있으므로 허수(虛數)부라고 한다. 즉 일반 중생들은 경계를 쫓아나가서, 자신의 체험으로 한 생각이 일어난다. 그것을 대상에 가서 머무르는 것이라고 한다.

본각리품 4-2

何以故 (하이고): 어째서 그런가하면..

一切衆生 (일체중생): 일체 중생도

本覺 (본각): 잠들기 전의 자신과 같이, 본래 이미 깨달아 있는 존재! 였으니

常以一覺 (상이일각): 잠에서 깨어나기만 하면, 항상 본각 상태라는 일각(一覺)으로

覺諸衆生 (각제중생): 모든 중생에게 〈일각〉이 생하게 하여 깨우치며,

令彼衆生 (염피중생): 저 중생들도

皆得本覺 (개득본각): 잠에서 깨어 모두 본래의 본각을 얻어서

覺諸情識 (각제정식): 색이 나의 오만가지 감정으로 일으키는 여러 가지 감정의 인식놀음(情識)으로

空寂無生 (공적무생): 밤의 꿈에 일어난 몽식(夢識)같이 모든 감정이 있더라도, 그 감정과 생각이 생겨난 것이 아니라는 것을 알게 해야 하느니라.

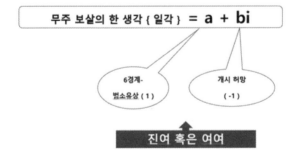

그렇다면 무주 보살은 어떨까? 무주 보살은 줄기나 꽃 등의 대상에 좇아나가 머무는 수준이 아니다. 『금강경』의 응무소주 이생기심(應無所住 而生其心) 이 자동으로 되는 보살이 무주 보살이다. 무주 보살도 경계를 접하면 당연히 복소수적 표현으로 한 생각이 일어난다. 그래서 일반 중생과 같은 것을 접했을 경우 (a + bi) 가 된다. 그러나 그에게 (a)는 〈있는 그대로의 모습〉으로 본다. 그러하기에 (bi)가 허망한 것을 알아 〈부동의 경지에 머물다〉라고 하는 것이다. 보살 제 8지의 경지다. 그 상태를 진여(眞如) 혹은 여여(如如)하다고 한다. 있는 그대로 받아들이면 된다. 이 고비를 넘어가면 엄청난 보상이 따라오는 것은 틀림없는 것 같다. 그 시험이 여러 번 들어오지만.

본각리품 4-3

何以故 (하이고): 왜냐하면
決定本性 (결정본성): (0)인 뿌리의 결정 본성은 자신이 만든 낮 꿈의 감정이 움직인 것이지, 일체의 모든 것을 결정할 수 있는 본각의 이익은
本無有動 (본무유동): 본래 대상을 따라다니는 움직임이 없기 때문이니라.

無住菩薩言 (무주보살언) :무주 보살이 여쭈었다.

可一八識 (가일팔식): 일체의 8가지 식(識)은

皆緣境起 (개연경기): 모두 경계를 반연(攀緣)하여 생기는 것인데

如何不動 (여하부동): 어떻게 움직이지 않을 수 있겠습니까?

佛言(불언): 부처님께서 말씀하셨다.

一切境 (일체경): 그의 눈앞에 펼쳐진 그 일체의 경계도

本空 (본공): 마치 밤의 꿈에 일어난 몽식(夢識)이 만든 것과 같은 것으로 본래 공적(空寂)한 것이며,

一切識 (일체식): 그에 따라 일체의 연달아 발생하는 인식도

本空 (본공): 본래 꿈속의 몽식(夢識)처럼 공적(空寂)한 것이니라.

空無緣性 (공무연성): 공적하다는 것은 무연(無緣)! 즉 '연'이 있을 수 없다는 것인데

如何緣起 (여하연기): 없는 '연'이 일어난 것을 어떻게 '연'이 일어났다고 하겠는가?

無住菩薩言 (무주보살언): 무주 보살이 여쭈었다.

一切境空 (일체경공): 일체의 경계가 허망할~ 공(空)이라면

如何所見 (여하소견): 〈보이는 것〉 들은 다 무엇입니까? 어떻게 된 것입니까?

佛言 (불언): 부처님께서 말씀하셨다.

見卽爲妄 (견즉위망): 〈보이는 것〉도 다 〈허망한 것〉이니라.

何以故 (하이고): 왜냐하면

一切萬有 (일체만유): 일체의 존재는

無生無相 (무생무상): 밤의 꿈에 나타났던 일처럼 태어남도 없고 형상도 없는 것이어서

本不自名 (본불자명): 스스로 자신의 정체를 밝히지도 않으며

悉皆空寂 (실개공적): 모두가 금생에 받은 몸이 업의 정산을 위해 환(幻)으로 만든 공적한 것이며

一切法相 (일체법상): 일체의 그 금생 받은 몸으로 겪는 모든 법(法)의 모습도

亦復如是 (역부여시): 또한 그러하며

一切衆生身 (일체중생신): 일체 중생의 몸도

亦如是 (역여시): 또한 그와 같으니라.

身尙不有 (신상불유): 자신의 받은 몸도 오히려 실재하는 실체가 없거늘

云何有見 (운하유견): 어떻게 〈보이는 것〉들이 실제로 존재한다고 할 수 있을 것인가?

無住菩薩言 (무주보살언): 무주 보살이 여쭈었다.

一切境空 (일체경공): 일체의 안, 이, 비, 설, 신, 의, 의 6경계가 공하고,

一切身空 (일체신공): 일체의 주체라고 알고 있는 몸이 공하며,

一切識空 (일체식공): 일체의 중생들의 인식됨인 식(識) 역시 공하니,
覺亦應空 (각역응공): '깨달음' 역시 공(空)한 것이라 하겠습니다.

佛言 (불언): 부처님께서 말씀하셨다.
可一覺者 (가일각자): 그러나, 한 마음 일심에서 나오는 〈일각〉이
되면
不毀不壞 (불훼불괴): 잠에서 깨어났기에 무너뜨릴 수 없고 부술 수
도 없어서
決定性故 (결정성고): 다시 모든 것을 결정하는 결정성(決定性)을
지니고 있기 때문에
非空 (비공): 그 〈일각의 나〉의 작용은 공(空)한 것도 아니요
非不空 (비불공): 공하지 않은 것도 아니며,
無空不空 (무공불공): 공함도 공하지 않음도 없는 〈불공성취〉를 이
루게 되느니라.

無住菩薩言 (무주보살언): 무주 보살이 말했다. 그렇다면 부처님!
諸境 (제경): 가지가지의 중생들의 눈과 귀와 몸에 반연되는 경계도
亦然 (역연): 그러하여
非空相 (비공상): 공(空)의 상(相)도 아니며
非無空相 (비무공상): 공의 상이 없는 것도 아니라 하겠습니다.

佛言 (불언): 부처님께서 말씀하셨다.

Chapter Three

如是 (여시): 그러하니라.

彼可境者 (피가경자): 저 인간의 6근으로 포착되는 모든 경계도

性本決定 (성본결정): 그 성질이 본래 결정성으로 만들어지는 것이지만 본 자성은 없고

決定性根 (결정성근): 없음에도 나타난 경계의 결정된 바탕의 근본 뿌리는

無有處所 (무유처소): 어디라고 말할 수 있는 처소가 있는 것이 아니니라.

無住菩薩言 (무주보살언): 무주 보살이 말했다.

覺亦如是 (각역여시): 본각(本覺), 불각(不覺), 시각(始覺), 일각(一覺)의 모든 깨달음도 이와 같아서

無有處所 (무유처소): 〈장소가 아닌 장소〉〈때가 아닌 때〉가 되니, 처소가 없겠습니다.

佛言 (불언): 부처님께서 말씀하셨다.

如是 (여시): 그러하니라.

覺無處故 (각무처고): 각(覺)은 처소가 없기 때문에

清淨 (청정): 청정하다고 하나니

清淨無覺 (청정무각): 청정하므로 각(覺)이라는 실체도 없을 수 없느니라.

物無處故 (물무처고): 두두물물 모든 사물도 실상은 공(空)한 존재

이기에

淸淨 (청정): 청정하다고 할 수 있나니

淸淨無色 (청정무색): 청정의 원각바탕에는 〈색(色)의 나 / 혹은 물질〉이라고 할 것도 없느니라.

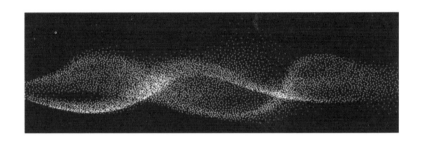

프랑스의 석공 아라한 루이 드브로이 아라한도 내 몸도 그 고정된 실체는 없고, 산도 들도, 심지어, 가만히 있는 공도 아니 그 어떤 물질도 물질이자, 차동이 아닐까? 라는 생각을 했다. 그리고 그것을 찾아내버렸다. 모든 물질이 움직이고 있었다. 물론 사람들이 인지하기 힘든 아주 미세한 운동이었다. 그 물질의 파동은 모든 존재가 살아서 움직인다는 소리다. 고정된 것이 아니라, 무상(無常)이라는 뜻이다.

드브로이는 아인슈타인의 '광양자설'(빛이 광자라는 입자로 양자화되어 있다는 가설)과 그의 특수 상대성 이론 그리고 양자역학에 대해 관심이 높았다. 특히 '광양자설'에 대해서 많은 고민을 하였는데 이때 빛이 파동이면서 입자라면 대칭성의 관점에서 입자도 파동이 될 수 있지 않을까 하는 착상을 하였다고 한다. 그래서 한 실험이 플러렌이라는 1 나노미터 크기의 분자를 마치 광자나 전자처럼 이중슬립에 축구공처럼 쏘았더니? 축구공이 갑자기 물결처럼 여러 파동으로 나뉘어서 탐지기에 가서 붙는 것을 실험 확인하였다고 한다. 즉 두두물물이 다 공(空)한 존재임이 증명된 순간이었다. 색(色)이 공(空)이고, 공이 색임이 증명되어 버린 것이다. 이래서 염력(念力)으로 손가락하나 까닥하지 않고 물질을 구부렸다 휘었다하는 사람도 본 적이 있다. 그런데 그런 능력을 그렇게 쓰면 스스로를 불행하게 하더라! 라는 목격담도 남겨드린다.

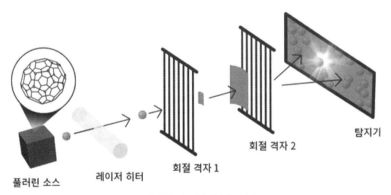

풀러린 소스   레이저 히터   회절 격자 1   회절 격자 2   탐지기

▲ 플러렌을 이용한 물질파 검증 실험

본각리품 4-4

無住菩薩言 (무주보살언): 무주 보살이 말했다.

心眼識 (심안식): 마음으로 인식되는 모든 것과 눈으로 인식되는 모든 것도

亦復如是 (역부여시): 이와 같아서

不可思議 (불가사의): 정말 불가사의한 존재들입니다.

佛言 (불언): 부처님께서 말씀하셨다.

心眼識 (심안식): 마음과 눈의 의식함도

亦復如是 (역부여시): 이와 같아서

不可思議 (불가사의): 사람들의 생각으로 요량할 수가 없느니라.

何以故 (하이고): 왜냐하면,

1.

色無處所 (색무처소): 물질도 그 자리에 가만히 있는 것이 아니라, 자신의 물질파를 통해 온 법계와 소통중이며

清淨無名 (청정무명): 없는 것이 있는 것처럼 여겨질 뿐, 무엇이라고 이름붙이지 못할 뿐

不入於內 (불입어내): 물질이 보는 사람의 몸 안으로 들어가서 인식되는 것이 아니니라.

2.

眼無處所 (안무처소): 우리가 눈을 통해 사물을 본다고 알고 있는 눈도 본래 처소가 없고

淸淨無見 (청정무견): 청정하여 보는 것이 없으므로

不出於外 (불출어외): 밖으로 나가서 보고 들어오는 것도 아니니라.

3.

心無處所 (심무처소): 마음도 본래 처소가 없고

淸淨無止 (청정무지): 청정하여 그침이 없으므로

無有起處 (무유기처): 마음이 생기하여 일어나는 정해진 곳이 없느니라.

4.

識無處所 (식무처소): 중생들의 가지가지 인식함인 식(識)도 처소가 없고

淸淨無動 (청정무동): 청정하여 움직임이 없으므로

無有緣別 (무유연별): 인연의 정해지고 고착된 분별이 있을 수 없느니라.

5.

性皆空寂 (성개공적): 그래서 모든 작용을 만들어내는 주인공, 성재작용의 성품의 바탕은 모두 공적하며,

性無有覺 (성무유각): 성품에는 각(覺)이 없나니

覺卽爲覺 (각즉위각): 이러한 사실을 깨달으면 본각의 자리로 환지 본처 한 깨달음이 되는 것이니라.

1. 암호화폐도 형상이나 가격이 있으므로 색(色)이라고 한다. 나는 좋은 것이다. 나쁜 것이다. 라는 말을 색(色)은 하지 않는다.

2. 두 사람 다 저 두 코인을 눈으로 볼 수는 있다 〈z = a + bi〉에서 사물(a)를 볼 수 있다.

3. 〈z = a + bi〉에서 생각(b) 가 그 사람의 현 마음에 따라 달라진다.

4. 〈z = a + bi〉에서 생각(b) 에 생각(i) 가 너무 다르다.

5. 무주 보살은 〈z = a + bi〉에서 생각 (i^1 i^2 i^3 i^4) 이 없다. 단지 사물(a)을 생각(i^0) 있는 그대로 여여(如如)하게 본다.

6. 무주 보살이 어떤 서원이 있을 것이다. 그 서원에 맞는 방향
으로 일념 일각의 한 생각이 자동적으로 일어나서 사물(a)인 암
호화폐를 대하는 행위가 나오게 된다. 그것이 무심(無心)이다.

본각리품 4-5

佛言 (불언) 善男子 (선남자): 부처님께서 말씀하셨다. 선남자여,
覺知無覺 (각지무각): 이미 깨달아 있어서, 굳이 얻어 가질 깨달음
없음을 깨달아 알면
諸識卽入(제식즉입): 모든 일어났던 식이 사라져 〈본래의 근원〉으
로 들어가느니라.

何以故 (하이고): 어째서 그러한고?
金剛智地 (금강지지): 허공이 우리의 본체라는 금강 같은 지혜의(金
剛智) 경지에서는
解脫道斷 (해탈도단): 해탈의 길(解脫道)도 끊어졌으며,
斷已 (단이): 완전하게 끊어졌기에
入無住地 (입무주지): 머물러 거주함이 없는 경지에 들어가
無有出入 (무유출입): 나오고 들어가는 것이 없느니라.
心處無在 (심처무재): 우리의 본체인 마음이 그렇게 처소가 없으니
決定性地 (결정성지): 〈결정성의 경지〉라고 하는 것이며

其地淸淨 (기지청정): 그 장소는 청정하기가

如淨琉璃 (여정유리): 맑은 유리와 같으니라.

性常平等 (성상평등): 성품은 항상 평등하기가

如彼大地 (여피대지): 저 대지와 같으며,

覺妙觀察 (각묘관찰): 〈공의 나의 작용〉이 묘하게 모든 관찰해서 아
는 그 지혜는

如慧日光 (여혜일광): 햇빛과 같고,

利性得本 (이성득본): 그 이익 됨을 얻게 되는 본각(本覺)을 얻음은

如大法雨 (여대법우): 큰 진리의 비를 내려주는 것과 같은 것이니라.

入是智者 (입시지자): 이 지혜에 들어간다는 것은

是入佛智地 (시입불지지): 부처님의 지혜의 경지에 들어가는 것이며,

入智地者 (입지지자): 지혜의 경지에 들어가면

諸識不生 (제식불생): 모든 식(識)이 일어나지 않게 되느니라.

無住菩薩言 (무주보살언): 무주 보살이 여쭈었다.

如來所說 (여래소설): 여래께서 말씀하신

一覺聖力 (일각성력): 단지 한방에 잠에서 일어나기만 하면 된다는
〈일각〉의 성스러운 힘은

四弘智地 (사홍지지): 〈대원경지〉〈평등성지〉〈성소작지〉〈묘관찰
지〉그 네 가지 큰 지혜가

卽一切衆生 (즉일체중생): 바로 일체 중생들도

本根覺利 (본근각리): 본래부터 갖고 있던 본각의 이익이 되겠습

니다.

何以故 (하이고): 왜냐하면

一切衆生 (일체중생): 일체의 중생들은

卽此身中 (즉차신중): 바로 자신의 몸속에서

本來滿足 (본래만족): 본래 그러한 것을 충분히 구족하고 있기 때문입니다.

佛言 (불언): 부처님께서 말씀하셨다.

如是 (여시): 그러하니라.

何以故 (하이고) : 왜냐하면

一切衆生 (일체중생): 일체의 중생도

本來無漏 (본래무루): 자신이 중생의 몸을 받기 이전, 즉 잠들기 이전, 즉 본각의 상태에 있을 때는 본래부터 번뇌가 없었으며,

諸善利本 (제선리본): 모든 착함과 이익의 근본을 지니고 있지만

今有欲刺 (금유욕자): 아직까지는 지금 이 순간의 현실과 맞서려는 욕망의 가시를 지니고 있어서

爲未降伏 (위미항복): 그것을 아직 항복시키지 못한 것! 뿐이니라.

無住菩薩言 (무주보살언): 무주 보살이 여쭈었다.

若有衆生 (약유중생): 만일 어떤 중생이

未得本利 (미득본리): 아직 본각의 힘을 활용하는 이익을 얻지 못하고

猶有採集 (유유채집): 오히려 순간의 현실과 맞서려는 욕망의 가시

를 지키며 번뇌의 뿌릴 캐어 모으고 있다면

云何降伏難伏 (운하항복난복): 그것들을 어떻게 항복시켜야 하겠습니까?

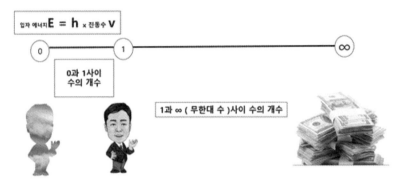

입자 에너지 $E = h \times$ 진동수 v

0과 1사이 수의 개수

1과 ∞ (무한대 수)사이 수의 개수

<플랑크 상수는 h> 를 사용하며, 값은 $h = 6.63 \times 10^{-34}$, 단위는 J·s이다.
숫자로 따지자면 10의 마이너스 34제곱이기 때문에 어마어마하게 작은 단위이다.

이『금강삼매경』이 얼마나 실용적인 부처님 가르침인가?

부처님은 "일체의 중생도 자신이 중생의 몸을 받기 이전, 즉 본각의 상태에 있을 때는 본래부터 번뇌가 없었으며, 모든 착함과 이익의 근본을 지니고 있지만, 단지 지금 몸을 받아 욕망의 가시가 있을 뿐 그것을 아직 항복시키지 못한 것! 뿐이니라."라고 하셨다.

위 그림에서 육신의 나와 (0 의 나) 사이에 현대과학의 양자역학이 있다. 필자가 도인에게 배울 때, 마음의 입자는 (10^{-18}) 에 있다고 하셨다.

부처님이 『원각경』 『법화경』 『화엄경』 등에서 방광을 하시는 묘각의 상태는 우리 마음이 (10^{-21}) 까지 가야한다고 하셨다. 그런데 움직이는 사람의 마음이 아닌 고체상태의 물질파는 (10^{-34}) 라니 참 어머 어마한 극미세 물질파이다.

그래서 우리는 수행으로 물질파까지 가기는 무척이나 어려울 것이다.

그러나 석공의 무리인 전생 아라한 과학자들이 밝혀놓은 바에 의하며 (0)과 (1) 그리고 (1)과 (∞)사이에 존재하는 수의 개수 즉 (1:1)대응집단이 같은 수 임을 밝히지 않았던가?

그래서 우리는 어려운 (e, π, i^1) 과 씨름하지 말고, (+1)의 나를 약견 제상 비상으로 두 번의 (i^2) 으로 (-1)로 가는 쉬운 길을 통해 (0)으로 가라고 하시는 것이다.

$$e^{i\pi} + 1 = 0$$

$$\Downarrow$$

$$i^2$$

$$\Downarrow$$

$$\boxed{-1}$$

욕망의 가시도 (i^1) 임에 틀림없지만, 우리는 이미 그 욕망도 범소유상 개시허망한 존재임을 알기에 그 아는 (i^1)으로 (i^2)으로 정식을 암마라식으로 전환하여 (-1)의 바라밀 뗏목을 타면 되는 것이다.

본각리품 4-6

佛言 (불언): 부처님께서 말씀하셨다.

若集若獨行 (약집약독행): 혹 번뇌를 모으거나 혹 홀로 행하는 경우는

分別及以染 (분별급이염): 대상을 분별하거나 번뇌에 물들게 되지만

廻身住空窟 (회신주공굴): 그 정신을 돌리어 〈공(空)의 나〉를 관(觀)하게 하면

降伏難調伏 (항복난조복): 조복하기 어려운 것도 항복시키게 될 것이요,

遠離諸欲刺 (원리제욕자): 모든 지금 이 순간의 현실과 맞서려는, 욕망의 가시를 여의고

解脫魔所縛 (해탈마소박): 마군의 속박에서 벗어나

超然露地坐 (초연로지좌): 초연히 명백하게 드러난 경지에 앉아, 현실과 맞서 다투려는 어리석음을 벗어나

識陰般涅槃 (식음반열반): 모든 안, 이, 비, 설, 신, 의, 의 여섯 식음

(識陰)이 〈욕망의 불이 꺼진 열반〉에 들게 되느니라.

無住菩薩言 (무주보살언) 무주 보살이 말하였다.

心得涅槃 (심득열반) : (1)의 마음으로 〈0의 열반〉을 얻으면

獨一無伴 (독일무반) : 오직 성품하나로 존재할 뿐, 더불어 따라다니는 것이 없어서

常住涅槃 (상주열반) : 항상 〈열반의 0〉에 머무르게 되리니

應當解脫 (응당해탈) : 마땅히 해탈을 득하게 될 것입니다

佛言 (불언) : 부처님께서 말씀하셨다.

常住涅槃 (상주열반) : 무주 보살아! 그렇지 않느니라. 항상 〈열반의 0〉에 머무른다면

是涅槃縛 (시열반박) : 그것은 열반의 올가미니라.

何以故 (하이고) : 왜냐하면

涅槃 (열반) : 〈열반의 0〉이

本覺利 (본각리) : 바로 본각의 이익이며,

利本覺 (이본각) : 본각의 이익 됨이

涅槃 (열반) : 〈열반〉이기는 하지만

涅槃覺分 (열반각분) : 〈열반을 얻게 된 그 깨달음〉은

卽本覺分 (즉본각분) : 〈0의 열반〉 속에 〈0.1.2.3..의 본각, 불각, 시각, 일각〉이 있는 것이니라.

覺性 (각성): 깨달음의 자성도

不異 (불이): 본각과 다르지 않고

涅槃無異 (열반무이): 〈욕망의 불이 꺼진 열반〉의 자성도 본각과 다름이 없기는 한 것이다.

覺本無生 (각본무생): 그러나, 깨달음도 본래 일어나는 생겨남이 없는 것이듯이

涅槃無生 (열반무생): 열반도 생겨남이 있는 것이 아닌 것이니라.

覺本無滅 (각본무멸): 깨달음도 그 본성이, 생겨남도 사라짐도 없는 것이므로

涅槃無滅 (열반무멸): 열반도 얻음도 사라짐이라는 것도 없는 것이다.

涅槃覺本 (열반각본): 열반도 본래 이미 깨달아 있는 우리 본체인 본각과

無異故 (무이고): 다름이 없으므로

無得涅槃 (무득열반): 열반이라는 것도 얻는 것이 아니나니,

涅槃無得 (열반무득): 열반도 얻을 수 없는데

云何有住 (운하유주): 어찌 〈0의 열반〉에 머무름이 있다고 하겠느냐?

善男子 (선남자): 선남자여,

覺者 (각자): 그리하여 깨달은 사람은

不住涅槃 (부주열반): 〈0의 열반〉에 머무르지 않느니라.

何以故 (하이고): 왜냐하면

覺本無生 (각본무생): 〈각〉의 본성은 모든 존재가

1. 내가 있다! 라는, 탐하는 마음의 아상

2. 남이 나와 다르기에 나의 이익이 저 사람이익보다 많아야 한다는 화내는 마음의 인상

3. 우리 편 생각은 옳고, 저들의 생각은 잘못된 것이라는 어리석음의 중생상

4. 지금 아니면 언제 챙기랴 하는 애착심의 수자상

그 네 가지 상(相)이 업의 정산을 위해 투영된 무생(無生)의 이치를 깨달아

離衆生垢 (이중생구): 중생의 선천적 허물을 벗어나며,

覺本無寂 (각본무적): 또한 아무것도 없다는. 본래 공적함! 이라는 것도 없음을 깨달아서

離涅槃動 (이열반동): 열반이 머무름에서 벗어나 그런 작용의 움직임이 있었다는 생각에서도 벗어나야 하는 것이니라.

住如是地 (주여시지): 이러한 경지에 다다르면

心無所住 (심무소주): 마음이 그물에 걸리지 않는 바람처럼 어느 한 곳에 머무는 바가 없어서

無有出入 (무유출입): 나가고 들어감이 있을 수 없게 되어,

入庵摩羅識 (입암마라식): 진흙물 속에서 청정 연꽃이 피어나듯 청

정 암마라식에 들어가게 되느니라.

無住菩薩言 (무주보살언): 무주 보살이 여쭈었다.

唵摩羅識 (암마라식): 암마라식도

是有入處 (시유입처): 들어가는 입구가 있고,

處有所得 (처유소득): 거처하는 곳이 있는 것이니,

是得法也 (시득법야): 암마라식을 얻으면 법을 얻은 것이라 할 수 있는 것이니 〈암마라식이라는 불국토〉를 드디어 얻게 되는 것이 아니겠습니까?

한국의 도인들이 연구하는 신라시대 고운 최치원 조상님이 고대 가림토 언어로 적힌 글을 한자어로 옮겨 적어두셨다는 『천부경』이다. 『천부경』이란 말뜻은 하늘에서 내려 받은 경전이라는 의미이다. 북한 묘향산 석벽에 그 원본이 있다고 한다. 보다시피 온통 숫자위주로 되어있다.

요점을 말하자면. (1)이 세상에 처음 나왔는데 그 (1)은 (0)에서 나온 (1)이라는 것이다. 그래서 그 (1)의 근원을 알려고 위 오른쪽처럼 (1)의 뿌리를 ($\sqrt{3}$)으로 분석해보아도 근원을 찾을 수 없다는 것이었다. 물론 여기서 (3)은 3차원 지구상에 있는 모든 수인 (∞)수를 말한다. 뿌리로, 뿌리로 그 ($\sqrt{\ }$)를 (∞)수로 쪼개어 보았다는 것이다. 신의 입자 힉스를 찾던 아라한들처럼. 그리고 그 (1)이 온갖 일을 다 하는 과정에서 (1)을 만들었는데, 그 (1)을 담을 수 있는 그 무엇이 없어서, 할 수없이 2.3.4.5.6.7.8.9를 만들어나가는 방법을 택했다는 것이다. 누군가가 하늘이 하려던 일인 (1)을 하기를 바라면서.

그렇게 모든 인간들이 1만 번 태어나 1만 번 죽음을 경험하며 그 일을 할 때까지 윤회를 해야 한다는 것인데, (1)의 일이라는 것이 마치 태양이 하는 일과 태양의 마음가짐으로 해야 한다는 것이다. 그렇게라도 하면 그 사람은 다시 (1)로 돌아갈 수 있는데, 그래서 그 (1)은 자기 일을 마치는 것이지만 (1)이 자기 할 일을 마쳐도 (0)으로 돌아갈 뿐이라고 했다.

반면에 서양의 전생 아라한들은 석공의 무리들답게 (1)을 쪼개고 분석하는 과정에서 3차원 물질세상의 상수인 〈자연 상수 e〉를 발견하게 된다. 그 결과 동양과 서양의 과학기술의 현격한

차이가 500여 년간 지속되었던 것이고, 문화와 역사의 패권을 서양인들이 가지게 되었다.

반면에 부처님은 수(數)에 대해서 이런 말씀을 하셨다 〈쌍윳타 니카야 제 4 數經 / 수경〉

이와 같이 나는 들었다. 어느 때 부처님께서 사위국 기수급고독 원에 계셨다.
그 때 얼굴이 아주 잘생긴 어떤 천자가 새벽에 부처님께서 계신 곳으로 찾아와 부처님의 발에 머리를 조아려 예를 올리고 한쪽 에 물러나 앉아 있었는데, 그의 온몸에서 나오는 광명은 기수급 고독원을 두루 비추었다.

그때 그 천자가 게송으로 부처님께 아뢰었다.
어떤 것이 수(數)로 헤아려야할 것이며
어떤 수가 감출 수 없는 것인지요?
어떤 것이 수(數) 중의 수이며
어떻게 그 말을 설명할 수 있는지요?

그 때 세존께서 게송으로 대답하셨다.
부처님 법은 측량하기 어렵고

두 가지 흐름이 드러나지 않으니
저 명(名)과 색(色)이
모두 남김없이 사라져야 한다네.

이것이 수(數)로 헤아려야 할 것이고
그런 수는 감출 수 없네.
이것이 저 수 중의 수이며
이것을 일러 수(數)라고 하느니라.

그 때 그 천자는 다시 게송으로 말하였다
오래 전에 바라문을 보았는데
그 바라문은 반 열반을 얻어
모든 두려움에서 이미 벗어났고
세상 은애까지 모두 벗어났습니다.

그 때 그 천자는 부처님의 말씀을 듣고 기뻐하면서, 부처님의
발에 머리를 조아려 예를 올리고 곧 사라지더니 나타나지 않
았다.

즉 세계와 법계는 다른 것인데 법계에는 세계가 알 수 없게 감추
어진 수(數)가 있다는 것이다. 그리고 그 감추어진 수는 이름과

형태를 넘어서야만 그 숫자를 알 수 있다고 하셨다.

이 말씀은 참으로 중요한 가르침이다. 이름과 형태는 대상(對象)이다. 그런데 과학자 아라한들은 이름과 형태에 〈자기의식이 들어가 있는 것〉을 모르고 대상만 연구한다. 감추어진 숫자는 그렇게 해서는 찾을 길이 없다. 대상을 연구하는 자기를 보아야 한다. 그 방법이 반 직관적(counter-intuitive)인 관찰이다. 무심한 청정 마음 거울이 필요하다. 그래야 대상 속에 있는 자기의식을 볼 수 있는 것이다. 다행인 것은 『천부경』도, 부처님 『수경』도, 과학자들도 (0의 열반 자리)에 머물지 않는다는 사실이다.

본각리품 4-7

佛言 (불언): 부처님께서 말하셨다

不也 (불야): 아니니라.

何以故 (하이고); 왜냐하면,

譬如迷子 (비여미자): 비유를 들어보면 만약 어떤 어리석은 아들이

手執金錢 (수집금전): 손에 금으로 된 돈(金錢)을 가지고,

而不知有 (이불지유): 자신이 본래 그 돈을 지니고 있는 줄 모르고

遊行十方 (유행시방): 돈 벌어 부자 되겠다고 시방(十方)으로 돌아다니며,

經五十年 (경오십년): 50년이 지나도록

貧窮困苦 (빈궁곤고): 온갖 짓을 하며 가난과 고난으로

專事求索 (전사구색): 오직 돈 벌 생각만하는 것으로 일을 삼았으나

而以養身 (이이양신): 그렇게 애써 번 돈으로는 자신의 몸과 가족마저도

而不充足 (이불충분): 생활하기도 부족했던 것과 같으니라.

其父見子 (기부견자): 그 아버지는

有如是事 (유여시사): 자신의 아들의 그렇게 세상 살아가는 사정을 보고

而謂子言 (이위자언): 아들에게 일러 말하기를.

汝執金錢 (여집금전): 너는 내가 준 금전(金錢)을 지니고 있으면서도

何不取用 (하불취용): 어찌하여 쓸 줄을 모르느냐?

隨意所須 (수의소수): 그것만 가지고도 네가 마음대로 필요한 것을

皆得充足 (개득충분): 모두 충족할 수 있을 것인데 어찌 그리고 살고 있느냐?

其子 (기자): 그 아들이

醒已 (성이): 그 소리를 듣고서야 문득 정신을 차리고

而得金錢 (이득금전): 금으로 된 돈을 찾고 나서,

心大歡喜 (심대환희): 마음으로 크게 기뻐하며

而謂得錢 (이위득전): 드디어 이제 돈 벌어 금전(金錢)을 얻었다고 좋아했다.

其父謂言 (기부위언): 그러나 아버지는 말했느니라.

迷子 (미자): 어리석은 나의 아들아,

汝勿欣懌 (여물흔역): 너는 기뻐할 것이 없느니라.

所得金錢 (소득금전): 네가 얻었다는 금으로 된 돈들은

是汝本物 (시여본물): 본래 네가 가지고 있던 돈이니,

汝非有得 (여비유득): 네가 그 돈이 없다가 새로이 얻은 것이 아닌데

云何可喜 (운하가희): 어찌 기쁜 일이라고 하겠느냐?

善男子 (선남자): 선남자여,

唵摩羅者 (암마라자): 환지본처의 자리, 본각의 자리, 주인공의 자리인 암마라식도

亦復如是 (역부여시): 이와 같으니라.

本無出相 (본무출상): 네게 없던 것을 새로이 얻은 것이 아니고,

今卽非入 (금즉비입): 이제 중생들이 깨달아 암마라식에 들어가는 것도 아니니라.

昔迷故 (석미고): 옛적에는 어리석었기 때문에 안 쓰고 못 썼던 것이지,

非無 (비무): 그들에게 본래 없던 것이 아니었으며,

今覺故 (금각고): 이제 깨달았다고 하여

非入 (비입): 없던 본각의 자리인 암마라식에 새로이 들어온 것이 아니니라.

無住菩薩言 (무주 보살언): 무주 보살이 여쭈었다.

彼父 (피부): 그 아버지는

知其子迷 (지기자미): 아들이 어리석은 줄을 알면서도

云何經五十年 (운하경오십년): 어찌 50년이 지나도록

十方遊歷 (시방유역): 시방으로 돌아다니며

貧窮困苦 (빈궁곤고): 가난과 고난을 겪은 다음에야

方始告言 (방시고언): 비로소 알려주는 것입니까?

佛言 (불언): 부처님께서 말씀하셨다.

經五十年者 (경오십년자): 50년이 지났다는 것은

一念心動 (일념심동): 찰라 찰나 한 순간의 생각이 일어나, (1~9) 같은 숫자 돈들이 생겼다는 것이고

十方遊歷 (시방유역): 시방으로 돌아다녔다는 것은, (0)을 지니고 있음을 잊은 채

遠行遍計 (원행변계): 10억 900억 등 (0)을 쓸 줄을 몰라 그렇게 오랫동안 헤매고 다녔다는 소리이니라.

無住菩薩言 (무주보살언): 무주 보살이 여쭈었다.

云何一念心動 (운하일념심동): 어떠한 것을 한 생각의 일념이 마음(摩陰)이 움직이는 것이라 합니까?

佛言 (불언): 부처님께서 말씀하셨다.

一念心動 (일념심동): 한 생각의 일념이 마음(摩陰)을 움직이게 되면

五陰俱生 (오음구생): 주인이 아닌 손님에 불과한 몸과 마음이 색음, 수음, 상음, 행음, 식음의 오음과 함께 일어나며,

五陰生中 (오음생중): 색, 수, 상, 행, 식 오음이 경계를 만들어 업을 불러일으키면

具五十惡 (구오십악): 자동으로 다루어야 할 50악(惡)을 갖추게 되느니라.

無住菩薩言 (무주보살언): 무주 보살이 여쭈었다.

遠行遍計 (원행변계): 이리 저리 생각이 일어나

遊歷十方 (유역시방): 오만 군데를 다 돌아다니고

一念心生 (일념심생): 한 생각으로 마음(摩陰)이 일어날 때에

具五十惡 (구오십악): 그 50악을 갖추게 된다고 하셨는데,

云何令彼衆生 (운하령피중생): 어떻게 해야 저 중생이

無生一念 (무생일념): 한 생각도 일으키지 않도록 하겠습니까?

佛言 (불언): 부처님께서 말씀하셨다.

令彼衆生 (영피중생): 저 중생들로 하여금 〈자신의 육신이라도 보게 하여〉

安坐心神 (안좌심신): 마음과 몸(心神)을 차분히 가라앉혀

住金剛地 (주금강지): 금강 같은 경지에 그물에 걸리지 않는 바람처

럼 머물러,

靜念無起 (정념무기): 오직 몸의 바다에서 머리의 생각이 바다 위 물그림자처럼 움직이는 것을 항상 보게 할 뿐, 보는 자신을 만들어 생각이 고요하여 일어남이 없게 하고

心常安泰 (심상안태): 마음(摩陰)이 항상 요동치더라도 같이 어울려 지내지 않으면

卽無生一念 (즉무생일념): 바로 한 생각도 일어남이 없는 상태에 있게 되느니라.

無住菩薩言 (무주보살언): 무주 보살이 여쭈었다.

不可思議 (불가사의): 정말 생각만으로는 얻을 수 없는 가르침이옵니다.

覺念不生 (각념불생): 생각이 내가 만든 것이 아니고, 내게서 일어난 것도 아니라는 것을 깨달아 그대로 흘러가게 두어,

其心安泰 (기심안태): 그 마음(摩陰)을 항상 태평하게 두면,

卽本覺利 (즉본각리): 그 자리에서 바로 본각의 이익 됨이 실현될 것이옵니다.

利無有動 (이무유동): 본각의 이익은 대상이나 생각에 움직임이 없이 모든 것을 관하면서

常在不無 (상재불무): 항상 존재하여 없어지는 것이 아니고,

無有不無 (무유불무): 본래 없던 것이 생긴 것도 아니고

不無不覺 (불무불각): 생김이 아닌 것도 아닙니다.

覺知無覺 (각지무각): 따로 고행을 해서 얻을 깨달음이 없다는 것을 알면

本利本覺 (본리본각): 그것이 나의 본래의 이익(本利)이요 본각(本覺)일 것입니다.

覺者 (각자): 깨달음이란 마치 맑은 마음거울을 가지고 있는 것과 같아서

淸淨無染無著 (청정무염무자): 청정하고 오염됨이 없이

不變不易 (불변불이): 변하거나 바뀌지 않고

決定性故 (결정성고): 마치 우주 허공 대자연이 만물을 창조하여 모든 것을 결정하는 결정성! 그 자체이기 때문에

不可思議 (불가사의): 그 본각의 이익은 헤아려 측량할 수 없을 것입니다.

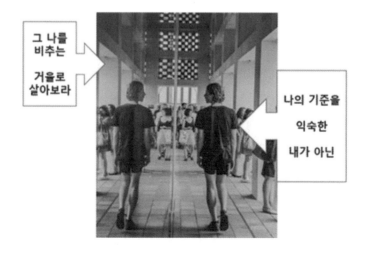

알고 있던 내가 아닌, 거울 속의 나도 아닌, 알고 있는 나를 비추는 거울로 사는 것이 (0)의 자리에 머물지 않으며 사는 것이다. 이 말을 듣고 확 깨우침이 오면 당신은 성공한 것이다. 이걸 알면 깨달음의 거울이 찾아진 것이다. 그리고 깨달음 이전의 21년은 오전(惡前)공부였고, 이제부터는 오후(惡後)공부를 해야 한다. 거울로 사는 것이 자연스럽고 아주 재미있어 질때까지. 부처님은 오후공부를 3.7(21)일 만에 마치셨지만, 대부분 15년은 해야 한다고 한다. 나이가 들어가니 더 쉬울 것도 같다. 버릴 것만 남아서.

본각리품 4-8

佛言 (불언): 부처님께서 말씀하셨다.
如是 (여시): 그러하니라.

無住菩薩 (무주보살): 무주 보살이
聞是語已 (문시어이): 이 말씀을 듣고
得未曾有 (득미증유): 처음 있는 일이라 느껴
而說偈言 (이설게언): 게송으로 감사 인사를 올렸다.

尊者大覺尊 (존자대각존): 세존이시여, 크게 깨달으신 세존이시여,

說生無念法 (설생무념법): 중생에게 생각도 일어나지 않게 하는 법인 무념법(無念法)을 설하시니

無念無生心 (무념무생심): 한생각도 없고 그로인해 마음이 생기지도 않는

心常生不滅 (심상생불멸): 그 마음이 본래 항상 생동하고 있어 사라지는 것도 없는 것이어서

一覺本覺利 (일각본각리): 단지 깨어남으로 잠들기 이전 뿌리 본각의 힘을 얻게 하시니

利諸本覺者 (이제본각자): 본각의 힘을 얻은 우리가

如彼得金錢 (여피득금전): 마치 아들이 잊고 살았던 금으로 된 돈을 다시 인식했듯이

所得卽非得 (소득즉비득): 얻은 것이 곧 얻은 것이 아니라하시네

爾時 (이시): 그 때에

大衆 (대중): 대중들은

聞說是語 (문설시어): 이 말씀을 듣고

皆得本覺利 (개득본각리): 모두 〈본각의 이익 됨〉인

般若波羅蜜 (반야바라밀): 〈있음이 있음〉이 아니고, 〈없음이 없음〉이 아니라는 존재의 실상을 알 수 있는 지혜인 반야바라밀을 행할 수 있게 되었다.

5.세계를 넘어 법계의 진실상을 깨닫다. - 입실제품

석공 아라한들이 찾아낸 최고의 작품은 자연을 숫자기호로 표시한 자연 상수 (e)다. 이들이 생각해낸 자연을 수식으로 표시하면 ($\sum_0^\infty 1/n!$) 라는 것이다.

자연은 삼라만상이다. 예를 들어 삼라만상에 7개의 존재들이 있다면 그들이라는 존재의 (1)을 그 존재들을 구성하는 모든 것으로 ($\frac{1}{7\cdot6\cdot5\cdot4\cdot3\cdot2\cdot1}$)을, 그 다음에는 ($\frac{1}{6\cdot5\cdot4\cdot3\cdot2\cdot1}$) 또 그 다음에는 ($\frac{1}{5\cdot4\cdot3\cdot2\cdot1}$) 그렇게 나눈 후 다시 모두를 더했다는 것이다. 그런데 우주 삼라만상에는 7개가 아니라 셀 수없는 무한 수 (∞)를 전부 그렇게 해서 나온 것이 삼라만상이더라는 것이다. 그 삼라만상의 수를 (e) 라고 했다.

우리는 이제 인간의 계산을 넘어 하늘의 계산법을 아는 진실세계의 법계로 들어간다.

앞서 공부한 『천부경』에서 법계는 두 자리 수 차원, 즉 10차원인데, (1)과 (0)을 같이 담을 용기(容器)가 없어서, 3차원에, 천,

지, 인 삼기(三氣)의 합성으로, 삼위일체의 인간 (3)을 만들어 (10)을 이루려 한다는 것을 알았다. 그리고 절을 할 때도 깨달은 사람에게만 3배를 올린다는 것을 알고 있다. 그래서 인간은 3차원에 살기에, 가위 바위 보를 해도 3번, 술잔을 돌려도 삼 3번 , 그리고 삼각관계와 삼각함수라는 말을 듣고 배우며 살았다.

그런데 법계속의 세계인 자연은 삼각함수로 표현할 수가 없었다. 그러던 차에 앞서 말한 전생에 공(空)을 수행하던 아라한들이 새로 몸 받아 나올 때에는 공을 쪼개고 쪼개어 분석하는 석공 아라한들이 되어 수학자, 과학자, 물리학자, 발명가, 천문학자, 철학자, 음악가, 화가의 몸을 받아 소리를 쪼개고, 화면을 쪼개고 또 쪼개 보았지만, 그들이 알게 된 것을 다른 이들이 증명하게 하기 위해서는 반드시 삼각함수가 필요했다. 인간은 3차원의 존재이기에 반드시 그래야만 볼 수 없는 것을 보고 믿을 수 없던 것을 믿을 수 있게 되기 때문이다.

그러던 중, 오일러 아라한이 〈세상에서 가장 아름다운 식(式)〉이라는 '오일러 등식'을 발표하면서, 그 자연 상수, 허수, 파이로 표현된 오일러등식을 삼각함수로 바꾸어 3차원의 인간들도 이해할 수 있게 되었던 것이다. 얼마나 아름다운 일인가? 10차원

세계를 3차원으로 이해할 수 있다니. 이제 우리는 대력 보살처럼 이전에는 자신이 꿈도 못 꾸던 일을 할 수 있게 된다. 공을 직접 맞추는 것이 아니라, 먼저 벽을 3번 맞춘 다음 두 공을 다 맞추는 요즘 당구도 먼저 허공을 친 다음 공을 맞추는 공구(空球)는 점수가 2배가 높으니 참 신기한 일이다. 참고적으로 코 싸인은 (COS)로 적고 싸인은 (SIN)으로 적는다.

$$자연 상수\ e^{i\theta} = 코\ 싸인\ \theta + i\ 싸인\ \theta$$

입실제품 5-1

於時 (어시): 이에

如來 (여래): 여래께서

作如是言 (작여시언): 이와 같은 말씀을 하셨다.

諸菩薩等 (제보살등): 모든 보살들은

本利深入 (본리심입): 〈본래의 자기 성품 즉 본각의 이익〉에 깊이

들어가야

可度衆生 (가도중생): 3차원, 4차원, 7차원, 8차원, 9차원의 중생세
계의 그들을 제도할 수 있느니라.

若後非時 (약후비시): 만일 후세에 이러한 실제세계와 중생세계의
진실관계를 모를 때에는

應如說法 (응여설법): 진여에 부응하여 실상과 법계가 운용되는 원
리에 관해 중생세계의 그들에게 이 법을 설할지라도

時利不俱 (시리불구): 인연이 도래하고, 조건이 갖추어질 때가 아
니면

順不順說 (순불순설): 법계의 이치에 맞게 해도, 맞지 않게 법을 설
해도

非同非異 (비동비이): 그 설법은 진실세계의 이치와 부응한다고 하
기도 어렵고 다르다고 하기도 어려울 것이니라. 그 이유는

相應如說 (상응여설): 있는 그대로, 실상 그대로 진여에 부응하여
법계의 운용되는 원리에 대하여 설한다함은

引諸情智 (인제정지): 모든 존재의 감정(感情)의 식(識)이 일어남을,
지혜로 이끌어

流入薩婆若海 (유입살바야해): 그 일체지(一切智)의 바다! 그 '원인
지'인 (0과 1)이 원융한 법계의 바다에 흘러 들어가게 해서.

無令可衆 (무령가중): 아직 시절인연이 무르익지 않은 중생들로 하
여금

攝彼虛風 (집피허풍): 전도망상 된 그들의 허망한 감정의 바람에 휩쓸리지 않게 하여야

悉令彼 (실령피): 모두 저들로 하여금

庶一味神乳 (서일미신유): 한 가지 맛인, 본각의 일미(一味)의 신통묘용 한 젖!

즉 신유(神乳)를 직접 먹을 수 있도록 하기 위해서이니라.

世間非世間 (세간비세간): 그들 중생들이 사는 세간이라고 하지만, 세간이 아닌 출세간이기도 하며

住非住處 (주비주처): 그들 중생들이 머무는 곳이라고 하나, 어느 한 장소를 일컫는 것도 아니니

五空出入 (오공출입): 다섯 가지 공으로 〈3차원의 나〉의 '유(有)'에서 벗어나, 〈10차원의 나〉의 '공(空)'으로 들어간다고 말은 하지만

無有取捨 (무유취사): 〈10차원의 나〉인 '공'은 취하고 〈3차원의 나〉인 '유'는 버린다는 소리가 아니니라.

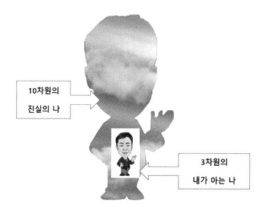

10차원의
진실의 나

3차원의
내가 아는 나

입실제품 5-2

何以故 (하이고): 왜냐하면

諸法空相 (제법공상): 모든 법은 공상 즉 〈0의 나의 모습〉은

性非有無 (성비유무): 그 본성은 있는 것도, 없는 것도 아니며,

非無 (비무) 無 (무): 〈0의 나〉가 없다는 것이 아니지만, 없지 않다는 것도 아니니라.

不無不有 (불무불유): 없는 것도 아니고, 있는 것도 아니라함은 마치 (복소수 z = 실수 + 허수)와 같아서

無決定性 (무결정성): 주인공은, 성품은, 불성은 한 자릿수 차원의 중생들 언어로는 결정된 바탕이 없고

不住有無 (부주유무): 있다는 것에도, 없다는 것에도 머무르지 않기 때문이니라.

非彼有無 (비피유무): 그러니 저 있다 없다. 라는 유무(有無)의 병에 걸려 분별하는

凡聖之智 (범성지지): 법계는 모르고 오직 그들의 세계만 아는 범부나 성인의 지혜로는

而能測隱 (이능측은): 〈10차원의 나〉〈실제의 나〉다시 말해 성품의 작용함을 측량할 수 있는 것이 아니니라.

諸菩薩等 (제보살등): 그러나 모든 보살들이

若知是利 (약지시리): 만일 〈제법이 모두 10차원의 자신이 10차원인 자신의 ($\sum\limits_{0}^{\infty} 1/n$) 화신들과 스스로 만들어 낸 것〉을 알 것 같으면

卽得菩提 (즉득보리): 모든 〈존재의 실상〉이 바로 〈10차원의 나의 실상〉이었음을 아는 '아뇩다라삼먁삼보리(깨달음의 지혜)'를 얻으리라.

爾時衆中 (이시중중): 그 때 대중 가운데

有一菩薩 (유일보살): 한 보살이 있었는데

名曰大力菩薩 (명왈대력): 막대한 힘과 능력을 지니고 있다는 대력(大力) 보살이라는 보살마하살이었다.

卽從座起 (즉종좌기): 그는 바로 자리에서 일어나

前白佛言 (전왈불언): 부처님 앞에서 여쭈었다.

尊者 (존자): 세존이시여,

如佛所說 (여불소설): 부처님께서 말씀하신 대로

五空出入 (오공출입): 〈색의 나〉가 〈다섯 가지 공〉에서 나가고 들어감에

無有取捨 (무유취사): 취하고 버림이 있을 수 없다고 하셨는데,

云何五空 (운하오공): 어찌하여 다섯 가지 '공'에서는

而不取捨 (이불취사): '공이니까 버려야지!'를 선택하지 말라고 하시는 것입니까?

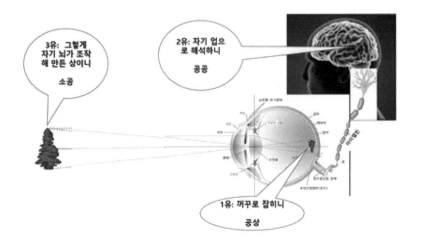

인간의 3차원의 존재이다. 그래서 보는 것도, 듣는 것도, 모두 삼각형을 이루어 파악할 수밖에 없다. 그래서 제일 먼저 바깥 대상을 경계라고 하는데 주로 모든 물질이 형태를 가지고 있지만, 빛으로 이루어져 있기에 바깥 경계를 색계(色界)라고 하며, 모습, 소리, 냄새, 맛, 접촉의 느낌, 그리고 〈세상의 틀〉이자 〈자기 생각의 틀〉을 법(法)이라고 한다. 도합 6경계이기에 6경(境)이라고 한다.

또 그렇게 이루어진 법의 상인 공상(空相)을 받아들이는 눈 등의 신체 감각기관을 6가지 뿌리라 하여 6근(根)이라고 한다.

그런데 그 대상과 뿌리를 정보화시켜서 인식하는 신체기관이 있으니 그것이 뇌(腦)이며, 인식의 주체라고 하여 여섯 가지 인식의 주체인 6식(識)이 있다. 6경(境), 6근(根), 6식(識)이 합쳐진 세상이라고 하여 18계(界)라고 하는 것이다. 이 세상과 우주는 그래서 모두 수(數)로 이루어져 있는 것이다.

입실제품 5-3

佛言 (불언): 부처님께서 말씀하셨다.

菩薩 (보살): 보살아

五空者 (오공자): 다섯 가지 '공'이란

1.

三有 (삼유): 대상 경계, 근원인 자기, 인식하는 주체 그 세 가지가 있기는 하지만

是空 (시공): 그 실상은 모두 〈0과 1의 원융〉이요,

2.

六道影 (육도영): 천상, 지옥, 인간, 아귀, 아수라, 축생의 6도(道) 역시 단지 그들의 업의 그림자이기에

是空 (시공): 펼쳐지는 세계도 모두 〈0과 1의 원융〉이며,

3.

法相 (법상): 그 세상의 운용원리인 법의 모습도

是空 (시공): 〈0과 1의 원융〉이요,

4.

名相 (명상): 보이지 않고, 들리지 않는 것을 알 수 있게 하기 위한
이름이나 말, 이미지

是空(시공): 그렇게 붙여진 명상(名相)도 〈0과 1의 원융〉이며,

5.

心識義 (심식의): 그렇게 하여 그들의 마음과 인식 그리고 뜻과 의
지마저도

是空 (시공): 모두 〈0과 1의 원융〉임을 말하느니라.

菩薩 (보살): 보살이여,

如是等空 (여시등공): 이와 같은 5가지 '공'들은

空 (공) 不住空 (부주공): '공'의 성격을 지니고 있지만, '공'에만 머
물지 아니하며,

空 (공) 無空相 (무공상): '공'이지만, '공'의 모습이라는 '상'이 없
거늘

無相之法 (무상지법): '상'이 없는 법에

有何取捨 (유하취사): 어찌 취하고 버림이 있을 수 있겠는가?

入無取地 (입무취지): 그런 연고로 그 어떤 대상도 취할 것이 없는 경지에 들어가면

卽入三空 (즉입삼공): 세 가지 '공'에 들어가게 되느니라.

大力菩薩言 (대력보살언): 대력 보살이 여쭈었다.

云何三空 (운하삼공): 어떠한 것이 세 가지 '공'입니까?

佛言 (불언): 부처님께서 말씀하셨다.

三空者 (삼공자): 세 가지 '공'이란

空相亦空 (공상역공): '공상'이라고 하지만 그것도 '공'한 것이며,

空空亦空 (공공역공): '공공'이라고 표현은 하지만 그 표현 역시 '공'한 것이며,

所空亦空 (소공역공): 〈색계에 드러나는 것이라 하여 소공〉이라고 말은 하지만 그것도 진실은 다 공한 것이니라.

如是等空 (여시등공): 이와 같이 3유 그 자체가 만들은 모든 것이 (공)임을 이미 알기에

不住三相 (부주삼상): 세 가지 상 놀음에 머무르지 아니하여

不無眞實 (불무진실): 진실하지 않음이 없으니

文言道斷 (문언도단): 문자와 언어의 길이 끊어져

不可思議 (불가사의): 생각과 경험으로 파악할 수 없는 것이니라.

大力菩薩言 (대력보살언): 대력 보살이 말하였다

不無眞實 (불무진실): 비록 모든 것이 몽땅 실체가 없는 '공'일지라도 진실이 없는 것이 아니라면,

是相應有 (시상응유): 〈진실의 모습〉은 마땅히 있어야 하는 것 아닙니까?

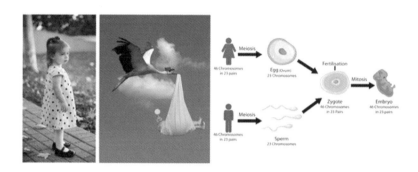

진실의 모습이 있을 것이니 말해 달라?

10~ 99차원을 10차원이라고 『천부경』에서는 말한다. 진실은 10차원인데 3차원의 인간들에게 어찌 진실을 말할 수 있겠는가? 아니 말하면 알기나 할까? 믿으려고나 할까?

아기들은 엄마에게 묻는다.

"엄마 나 누가 낳았어? 정말 페리컨이 나를 물어다가 엄마 주었어?"

"엄마가 나 낳은 거지?"

"아이고 우리아기. 이제 다 컸네! 그래 엄마가 낳았지!"

"음~~ 그렇지? 그럴 줄 알았어! 근데 엄마! 아빠는 뭐 한 거야?
아빠도 엄마가 낳았어?"

"아니 아빠는 아빠 엄마가 낳았지!"

"그럼 아빠는 나 낳을 때는 아무 한 일이 없구나!"

말하는 사람은 말하는 사람의 세계가 있다.

듣는 사람은 듣는 사람의 세계가 있다.

진실을 오른쪽 그림에 있다. 당신은 그 그림의 의미를 안다

그러나 저 아이에게 저 그림을 보여준들, 설명해 준들 이해하겠
는가?

당신은 저 아이에게 뭐라고 답을 해줄 수 있겠는가?

지금 대력 보살은 저 어이 엄마와 같은 입장이다. 10차원의 진
실을 3차원, 4차원의 중생들에게 어떻게 설명해야하는지를 부
처님에게 다그치듯이 물어보는 것이다.

입실제품 5-4

佛言 (불언): 부처님께서 말씀하셨다. '공(空)'이라고 하는 〈0과 1

의 원융〉이란

無不住無 (무부주무): 〈없다가 없음〉에 머무르지 아니하고,

無不不有 (무불불유): 없음이 아니라고 해서 있음도 아니니라.

不有之法 (불유지법): 있음이 아닌 법이라고해서

不卽住無 (불즉주무): 없음의 법이 아닌 것이니라.

不無之相 (불무지상): 없음이 아닌 상에도

不卽住有 (불즉주유): 있음에 머무르게 되는 것도 아니니

非以有無 (비이유무): 〈있음과 없음〉으로서

而詮得理 (이전득리): 진실의 이치를 드러낼 수 있는 것이 아니니라.

菩薩 (보살): 보살이여,

無名義相 (무명의상): 이름과 뜻이 없는 모습은

不可思議 (불가사의): 생각과 판단과 경험으로는 증명할 수 없는 것이니라.

何以故 (하이고): 왜냐하면

無名之名 (무명지명): 〈이름 지을 수 없는 이름〉이라 하여

不無於名 (불무어명): 이름이 없는 것이 아니며,

無義之義 (무의의의): 〈뜻을 나타낼 수 없다! 라는 뜻〉이라 하여

不無於義 (불무어의): 〈뜻이 없는 것〉도 아니기 때문이니라.

大力菩薩言 (대력보살언): 대력 보살이 여쭈었다.

如是名義 (여시명의): 이와 같은 이름과 뜻은

眞實如相 (진실여상): 〈0과 1의 원융〉한 진실하고 〈있는 그대로의 상〉이며

如來如相 (여래여상): 여래의 〈있는 그대로의 상 〉이 바로 〈0과 1의 원융〉입니다.

如不住如 (여부주여): 그러나 그 여여함은 항상 여여함에 머무르지 않으며

如無如相 (여무여상): 여여함이라고 해서 여여한 상이 있는 것은 아니며

相無如故 (상무여고): 상(相)에 여여함이 없다고 해서

非不如來 (비불여래): 여래가 아니라고 할 수는 없습니다.

衆生心相 (중생심상): 마찬가지로 중생의 〈마음 됨됨이의 상〉도

相亦如來 (상역여래): 그 상이 그대로 〈여래의 상〉 이니

衆生之心 (중생지심): 중생의 마음이라고 해서

應無別境 (응무별경): 특별한 어떤 경지가 있는 것은 아니겠습니다.

진여(眞如), 여여(如如) 의 여 (如) 란?

1 < 진 여 >의 세계는 <무실 무허 10차원>의 세계:
즉 (1....9) 와 (0) 이 상존하는 두 자릿수 이상의 <0과 1의 원융> 차원이다.

2 <무실 무허>의 진실한 세계:
실상과 허상 즉 실수와 허수가 같이 상존하는 { 여(如) = $a + bi$ } 다

입실제품 5-5

佛言 (불언): 부처님께서 말씀하셨다.

如是 (여시): 그러하니라.

衆生之心 (중생지심): 중생의 마음이라고 해서

實無別境 (실무별경): 실로 별다른 경계가 있는 것은 아니니라.

何以故 (하이고): 왜냐하면

心本淨故 (심본정고): 그들의 본각의 마음은 본래 청정하기 때문이며,

理無穢故 (이무예고): 그 마음의 이치는 오염됨이나 더러움이 없기 때문이니라.

以染塵故 (이염진고): 다만 티끌에 물들었기에

名爲三界 (명위삼계): 할 수 없이 그 이름을

〈물질에 집착하고 있는 욕망의 세계인 욕계〉

〈감정에 휘둘리고 있는 색계〉

그리고 〈그 뿌리가 없는 생각에 휘둘리는 무색계〉의 3계라 하는 것이며

三界之心 (삼계지심): 그 욕계, 색계, 무색계의 3계에 존재하는 모든 중생들의 마음을

名爲別境 (명위별경): 〈각각등보체의 갖가지 경계〉라고 이름붙인 것뿐이니라.

是境虛妄 (시경허망): 그러나 이 경계는 모두 허망한 것이며,

從心化生 (종심화생): 마음의 변화를 따라서 생긴 것이기에,

心若無妄 (심약무망): 마음에 허망함이 없어지게 되면

卽無別境 (즉무별경): 정체가 없던 것이기에 자신의 경계를 넘어서 게 되는 것이니라.

大力菩薩言 (대력보살언): 대력 보살이 여쭈었다.

心若在淨 (심약재정): 만일 몸, 감정, 생각을 총칭하는 마음이 청정 하게 되어 깨끗해 〈공의 나〉가 될 것 같으면

諸境不生 (제경불생): 모든 경계는 생기지 않을 것이니,

此心淨時 (차심정시): 이 마음이 청정할 때는

應無三界 (응무삼계): 마땅히 그 욕계, 색계, 무색계의 3계가 없겠 습니다.

佛言 (불언): 부처님께서 말씀하셨다.

如是 (여시): 그러하니라.

菩薩 (보살): 보살이여,

心不生境 (심불생경): 마음이 경계를 발생시킨 것이 아니고

境不生心 (경불생심): 경계도 마음을 일으키지 않느니라.

何以故 (하이고): 왜냐하면

所見諸境 (소견제경): 〈색의 세계〉에서 펼쳐지고 보이는 모든 경계 는

唯所見心 (유소견심): 오직 마음이 보는 바에 따라서 색의 눈에는 색의 상대방만이 그렇게 존재할 뿐이니

心不幻化 (심불환화): 마음에 〈인연 따라, 업(業)따라 일어나는 환화(幻化)〉만 받아들이지 않으면

卽無所見 (즉무소견): 〈보이는 바〉도 존재할 수 없기 때문이니라.

菩薩 (보살): 보살이여,

內無衆生 (내무중생): 안으로 중생이라는 생각도 없고

三性 (삼성): 6가지 몸의 뿌리인 6근, 대상인 6경, 종합적 인식의 6식 세 가지 성질도

空寂 (공적): 성품이 실상은 모두 '공'하고, '적'한 것이라는 것을 알면

卽無己衆 (즉무기중): 자기라고 주장하는 무리들도 없고

亦無他衆 (역무야중): '남'이라고 생각되어지는 무리들도 사실은 없느니라.

乃至二入 (내지이입): 이리하여 두 가지의 들어감(二入)에 이르러도

亦不生心 (역부생심): 모든 것이 없는 것이 이러한 것이라는 그 〈정체를 알아〉 마치 거울처럼 〈마음이나 생각〉을 일으키지 않게 되나니,

得如是利 (득여시리): 이러한 이익을 얻으면

卽無三界 (즉무삼계): 그 욕계, 색계, 무색계의 3계가 없는 것이니라.

大力菩薩言 (대력보살언): 대력 보살이 여쭈었다.

云何二入 (운하이입): 어떠한 것이 두 가지의 들어감에서

不生於心 (불생어심): 〈마음이나 생각〉을 일으키지 않는 것이며

心本不生 (심본불생): 마음이나 생각이 본래 일어남이 없는 것이라고 하시면서

云何有入 (운하유입): 무엇을 주체로 어떻게 들어간다고 말씀하십니까?

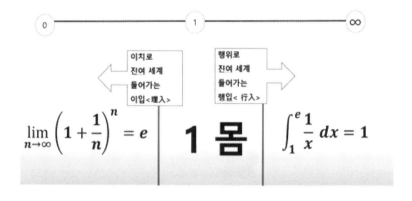

부처님은 지금『금강삼매경』법을 설하시며, 이 법은 중생들이 생각으로 알 수 있는 법이 아닌 〈근본 이치인 성품을 밝히는 법〉이라고 하셨다. 우리 몸과 몸의 태어남이라는 생각에 뿌리를 찾아 (√)에 (√)를 씌워보니 거의 (0) 근처에 가게 된다고 하신다. 그래서 성품을 밝히는 법을 뿌리 근(根)을 써서 근리지법(根

理之法) 이라고 한다. 부처님은 말 할 수 없는 것을 할 수 없이 말하는 것이다. 그 이유는 3차원, 4차원 중생들이 볼 수 없고 알 수 없는 것을, 보게 하고 알게 하기 위해서이다. 석공의 아라한들도 그렇다. 볼 수 없는 것을 보게 하기 위해서 수를 활용했다.

왼쪽의 '리밋'이라고 읽는 수식의 기호 즉 $(\lim_{n \to \infty}(1+1/n)^n)$ 은 오온(五蘊)을 무한히 쪼개고 쪼개어 그 입자까지 분석한다는 의미이다. 『천부경』의 〈1시 0 시 1〉 즉, '일시무시일'(1)에서 시작하여 (0)으로 가는 것을 석공 아라한들이 사용하는 수의 학문에서 사용하는 기호이다. 불교에서는 〈5 온 = 몸 (색) + 마음 (수. 상. 행. 식)〉을 비추어 본다. 라고 말한다.

여기서 몸은 (1) 로 마음은 (1/n) 로 표기한 후, 그 (1 + 1/n) 이 수 없이 거듭 거듭 윤회해서 받게 된 몸과 마음을 쪼개고 쪼개어 보니 〈자연 상수 e〉로 천지대자연이 나올 뿐임을 밝혔다. 그 결과가 삼차원에 살면서도 인간으로서의 완성을 하지 못했기에, 정수 (3)으로는 절대 마무리 되지 않는 〈자연 상수 e〉로 자연에 배속되는 것이다. 그래서 우리는 아직 3배를 받지 못한다. 이것은 (1)에서 진여의 (0)으로 향해가는, 그러나 이치로 가는 심법의 〈이법〉이다.

그 다음으로 육신의 행동으로 무엇을 하며 살아야 완전한 (1)이 되는지를 알게 하는 마음의 행법을 말한다. 행법은 오른쪽의 인티그럴 ($\int$)이 필요했다. 인티그럴은 그렇게 쪼갠 것을 다 더할 때 사용하는 기호이다. 표시의 아래쪽과 위쪽에 수가 적히는데 (1) 에서 (k) 까지 내가 쪼개놓은 것 다 더해! 라고 할 때 ($\int_1^k$) 라고 적는다.

그런데『천부경』에서 일단 (0)에서 (1) 나온 후, 자기 하고 싶은 대로 다 할 수는 있느냐의 문제가 있다. (1)로 살아 온 것이 아니라 (3)으로 살았기에 다시 본래의 (1)로 돌아가는 것이 쉬운 일이 아니다. 사실 우리는 그것을 위해 이 공부를 하는 것이다. (1)로 가야하는 이유는 단 하나이다. '개화천지미분전'의 자리 '부모미생전 본래면목'의 자리인 (0)으로 가기 위해서다. 그래서 〈1 종 0 종 1〉 즉 우리의 목적지는 (1) 과 (0)이 여여(如如)한 자리이다.

그래서 석공 아라한들이 위 식의 오른 쪽 ($\int_1^e 1/x\,dx = 1$) 이 되기 위해 반드시 필요한 것을 찾아보니 결국 〈자연 상수 e〉 천지대자연이 필요했던 것이다.『천부경』에서 살펴보았듯이 우리가 (3) 이기는 하지만 〈1.2 없는 3〉 이겠는가? (1)은 하늘 (2)는 땅이다. 물론 자연 상수 (e) 의 값이 당연히 (2)가 아님을 우리는 안다. (2)는 넘지만 (3)은 되지 않는 수(數)이다.

입실제품 5-6

佛言 (불언): 부처님께서 말씀하셨다.

二入者 (이입자): '들어감의 두 가지' 라는 것은, 공문(空門)에 들어 감을 말하는 것인데

1. 理入 (위리입): 첫째는 이치로 들어감 〈이입(理入)〉이요,

2. 行入 (위행입): 둘째는 행함으로 들어감 〈행입(行入)〉이니라.

理入者 (이입자): 이치로 들어간다! 고 함은, (1)에서 (0)으로 가는 것으로

深信衆生 (심신중생): 불법의 이치를 깊이 믿고 있는 중생은

不異眞性 (불이진성): 그의 마음 바탕이 존재의 참된 바탕과 다르지 않아

不一不共 (불일불공): 존재의 실상과 하나도 아니요, 공동으로 공유하고 있는 상태도 아니니라.

但以客塵 (단이객진): 단지 초대받지 않은 손님이 찾아온 것처럼

之所翳障 (지소예장): 번뇌에 가리어 있을 뿐!

不去不來 (불거불래): 가지도 않고 오지도 않으며

凝住覺觀 (의주각관): 자기를 보는 관을 하며 〈깨어있음의 관(覺觀)〉에 집중하면서

諦觀佛性 (체관불성): 자신의 몸속에 내재된. 〈공의 나〉, 〈주인공〉, 〈불성〉 그 수많은 작용이 일어나는 〈작용을 하는 성품〉을 잘 관찰

하면서

不有不無 (불유불이): 있는 것도 아니요, 없는 것도 아니며,

無己無他 (무기무타): 자기 자신이라고 할 것도 없고, 다른 이도 없으며,

凡聖不二 (범성불이): 범부와 성인이 둘이 아닌

金剛心地 (금강심지): 금강 같은 마음의 경지에

堅住不移 (견주불이): 굳게 머무른 채, 여기저기 옮겨 다니지 아니하며,

寂靜無爲 (적정무위): 적정해서 인위적인 조작이 없고

無有分別 (무유분별): 이것이다. 저것이다. 옳다. 그르다. 등으로 분별함이 없으니

是名理入 (시명리입): 이러한 것을 이름 하여, 이치로 들어가는 이입(理入)이라고 부르는 것이니라.

行入者 (행입자): 반면 행입(行入) 이라고 하는 것은, (1)에서 (∞)로 가는 것으로

心不傾倚 (심불순기): 마음이 어디 한쪽으로 편견이나 취사선택의 마음이 없이

影無流易 (영무류역): 모든 일에 순경계와 역경계를 따라 그때그때 사랑함과 미워함의 변함도 없고

於所有處 (어소유처): 생각들이 오면 오는 대로 가면 가는 대로 있는 곳〈유처(有處)〉에서

靜念無求 (정념무구): 고요히 관(觀)하기만 할 뿐, 구할 바가 없어져서

風鼓不動 (풍고부동): 경계의 바람이 두들겨도, 경망스레 움직이지 않기가

鼓如大地 (고여대지): 마치 대지(大地)와 같이 굳건하게

捐離心我 (연리심아): 대상에도 속지 않고, 주체에도 속지 않고

救度衆生 (구도중생): 단지 아직 그런 모든 것이 실재한다고 믿는 중생을 구제하고 제도하되

無生無相 (무생무상): 생겨남도 없고, 그런 일이 있기는 하되 실재 있는 것이 아니라는 '상'의 정체도 사실은 없는 것임을 알아,

不取不捨 (불취불사): 취하지도 않고, 버리지도 않은 채, '공의'로 행하는 것을 말함이니라.

菩薩 (보살): 보살이여,

心無出入 (심무출입): 이렇게 마음에는 나가고, 들어옴이 없고

無出入心 (무출입심): 나가고 들어오는 것이 없더라도

入不入故 (입불입고): 들어오되, 들어오지 않는 것이므로

故名爲入 (고명위입): 그냥 그 이름을 〈암마라식〉에 들어왔다고 부를 뿐이니라.

菩薩 (보살): 보살이여,

如是入法 (여시입법): 이와 같이 〈공문에 들어가는 법〉은

法相不空 (법상불공): 그 때의 '법'의 모습은 '공'하지 아니하고 작용됨이 있으며,

不空之法 (불공지법): 작용을 품고 있는 '공'하지 않은 '법'이어서

法不虛棄 (법불허기): 그러하기에 '법'은 헛되다고 폐기하는 것이 아니니라.

何以故 (하이고): 왜냐하면

不無之法 (불무지법): 〈없다고 해서 없다는 것은 아닌〉그 '법'은

具足功德 (구족공덕): 공덕을 갖추고 있으며,

非心非影 (비심비영): 마음도 아니요, 마음의 그림자도 아니며,

法爾淸淨 (법이청정): 펼쳐진 '법'이 〈있는 그 때 그 모습으로〉청정하기 때문이니라.

大力菩薩言 (대력보살언): 대력 보살이 여쭈었다.

云何非心非影 (운하비심비영): 무엇이 마음도 아니요 그림자도 아니며,

法爾淸淨 (법이청정): 펼쳐지는 법이 〈있는 그때 그 모습으로〉청정하다고 합니까?

佛言 (불언): 부처님께서 말씀하셨다.

空如之法 (불여지법): '공'하고 여여한 법! 즉 〈0과 1이 원융한 나의 작용〉은

非心識法 (비심식법): 마음이나 인식으로 간파되는 법이 아니요,

非心使所有法 (비심사소유법): 마음이 경계에 부림을 당해서 생긴 것도 아니니라.

非空相法 (비공상법): 그렇다고 〈없을 공〉의 모습의 '법'도 아니며,

非色相法 (비색상법): 물질적인 모습의 〈있을 색의 법〉도 아니니라.

非心有爲 (비심유위): 그렇다고 마음의 의도함(有爲)과

不相應法 (불상응법): 서로 대응하지 않는 '법'도 아니며,

非心無爲 (비심우위): 마음의 의도함이 없는 무위(無爲)와만

是相應法 (시상응법): 서로 응하는 '법'도 아니니라.

非所現影 (비소현영): 마음에서 생긴 자기 업의 그림자도 아니며

非所顯示 (비소현시): 〈성품의 작용〉은 현상계에 모습으로 드러내어 보이는 것도 아니니라.

非自性 (비자성): 고유한 성품이 있는 것도 아니고

非差別 (비차별): 다른 작용을 하는 것도 아니니라.

非名 (비명): 이름도 아니며,

非相 (비상): 모습도 아니요,

非意 (비의): 뜻도 아니니라.

何以故 (하이고): 어째서인가?

義無如故 (의무여고): 말로는 허수, 허상을 표현할 길이 없어 여여함이라는 것을 나타낼 수 없기 때문이니라...

無如之法 (무여지법): 여여함이 없다고 하는 〈무여의 법〉도

亦無無如 (역무무여): 여여함이 없다고도 할 수 없는 것이며

無有無如 (무유무여): 여여함이 없다는 것도 있을 수 없으며,

非無如有 (비무여유): 그렇다고 〈여여함이 없는 법〉이 따로 존재하고 있다는 것도 아니니라.

何以故 (하이고): 왜냐하면

根理之法 (근리지법): 근본 이치인 성품을 밝히는 '법'은

非理非根 (비리비근): 이치도 아니며 근본도 아니요,

離諸諍論 (이자쟁론): 모든 쟁론(爭論)을 떠나있는 것이니

不見其相 (불견기상): 그 모습은 실상과 허상이 같이 존재하는 것이어서 육안으로 볼 수 없기 때문이니라.

菩薩 (보살): 보살이여,

如是淨法 (여시정법): 이와 같이 청정한 법은

非生 (비생) 之所生生 (지소생생): '생'으로 '생'하려고해서 '생'하는 것이 아니고,

非滅 (비멸) 之所滅滅 (지소멸멸): '멸'로 '멸'하려고 해서 '멸'해지는 것도 아니니라.

大力菩薩言 (대력보살언): 대력 보살이 여쭈었다.

不可思議 (불가사의): 불가사의합니다.

如是法相 (여시법상): 이와 같은 '법'의 모습은 (a + bi) 그 표현대로

不合成 (불합성): 무엇이 합하여 석여서 이루어진 것도 아니요,

不獨成 (부독성): 홀로 이루어진 것도 아닙니다.

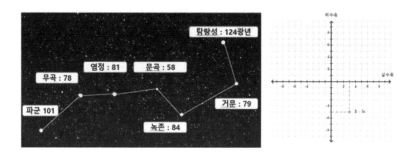

북두칠성 7개의 별은 모여서 있는 것도 아니고, 저렇게 같은 평면에 있는 것도 아니다. 제일 가까이 있는 것이 북두칠성의 4번째 별이 문곡성이고 빛의 속도로 58 광년 떨어진 곳에 있다. 반면에 탐랑성은 124 광년이나 떨어져 있는 곳에 있다. 아니 있지도 않다. 성주괴공의 이치대로 이미 파괴되어 그 파괴된 빛이 날아오고 있는 것이다.

마찬가지로 실수와 허수를 평면에 나타내기는 하지만, 같이 있는 것도 아니고 동반해 있는 것도 아니고 석여서 있는 것도 아니고 그렇다고 홀로 있는 것도 아니다. 10차원의 진실을 3차원 4차원의 중생들에게 보여주기 위해서 만든 '복소평면'이라는 궁여지책의 산 물위에다 표기하여 눈으로 보게 해줄 뿐이다.

입실제품 5-7

不羈不絆 (불기불반): (0)혹은 (1)에 묶여있는 것도 아니고, (0)과 (1)이 짝지어진 것도 아니며 (0 + 1$\frac{1}{6}$) 라고 밖에 표현할 수 없는

不聚不散 (불취불산): 모이는 것도 아니고 흩어지는 것도 아니며,

不生不滅 (불생불멸): 생하는 것도 아니요 사라지는 것도 아니며,

亦無來相 (역무래상): 또한 오는 모양이나

及以去相 (급이거상): 가는 모양도 없으니

不可思議 (불가사의): 참으로 불가사의합니다.

佛言 (불언): 부처님께서 말씀하셨다.

如是 (여시): 그러하니라.

不可思議 (불가사의): 그러하니라. 불가사의하니라.

不思議心 (불사의심): 말로 표현 할 수도 생각으로도 알 수 없는 마음

心亦如是 (심역여시): 사람의 마음 역시 그러하니라.

何以故 (하이고): 왜냐하면

如不異心 (여불이심): 여여함은 마음과 다르지 않나니,

心本如故 (심본여고): 마음은 본래 〈여여함〉 그 자체이기 때문이니라.

衆生佛性 (중생불성): 중생과 불성(佛性)은

不一不異 (불일불이): 하나도 아니요, 다른 것도 아니니라.

衆生之性 (중생지성): 중생의 속성이라는 것도

本無生滅 (본무생멸): 본래 〈생겨남과 사라짐〉이 있는 것이 아니고

生滅之性 (생멸지성): 〈생겨남과 사라짐〉도 그 근본은

性本涅槃 (성본열반): 원래의 그 본성은 적적, 고요, 열반이라고 그렇게 불리는 것이니라.

性相本如 (성상본여): 〈모든 존재법의 본래 성품〉과 〈모든 존재법의 펼쳐진 현상이나 형상〉은 본래 그러함이며

如無動故 (여무동고): 본래 그러함에는 움직여도 움직임이 없었던 법성게의 구래부동명위불이라는 게송처럼 어떤 움직임도 없었느니라.

一切法相 (일체법상): 그렇게 일체의 발생되고 생겨나는 모든 현상계의 〈법의 상〉은

從緣無起 (종연무기): '연(緣)'을 따르기는 하지만 '연'이 일어나는 것은 아니며

起相性如 (기상성여): 일어난다! 라고 하는 '상(相)'과 속성도 〈그저 그 뿐〉이기에

如無所動 (여무소동): 여여함이라함은 〈움직이는 바〉가 없다는 것이니라.

因緣性相 (인연성상): 인연의 속성과 현상은

相本空無 (상본공무): 둘 다 서로가 본래 '공(空)'한 것이며,

緣緣空空 (연연공공): '연'과 '연'은 '공'하고 '공'한 것이어서

無有緣起 (무유연기): 반연하여 일어남은 사실은 아니고

一切緣法 (일체연법): 일체의 연기법은 (내가 그렇게 중생의 입장

에서 말하기는 했지만)

惑心妄見 (혹심망견): 미혹한 마음에서 허망 되게 보이는 바이며

現本不生 (현본불생): 그 나타남이 본질은 〈생겨난 것〉이 아니니라.

心如法理 (심여법리): 마음! 이라는 것도 〈법리 즉 법의 이치〉와 같아서

自體空無 (자체공무): 그 자체는 '공'하여 없는 것이며

如彼空王 (여피공왕): 마치 저 〈마음의 공왕〉인 (심왕), (공의 나), (주인공)도

本無住處 (본무주처): 본래는 머무르는 곳이 없건마는,

凡夫之心 (범부지심): 범부의 마음이

妄分別見 (망분별견): 허망하게 분별해서 하느님, 옥황상제, 불국토, 정토, 혹은 (주인공)이 계신 곳이 있고, 갈 곳이 있다고 하는 것이니라.

如如之相 (여여지상): (0 + 1¡) 라고 밖에 표현할 수 없는 〈여여한 상〉은

本不有無 (본불유무): 본래 있고 없는 것이 아니니

有無之相 (유무지상): 있다거나 없다거나 하는 모습은

見唯心識 (견유심식): 오직 심식(心識)이 만든 것을 보는 것일 뿐이니라.

菩薩 (보살): 보살이여,

如是心法 (여시심법): 이러한 마음이라는 놈의 존재 법칙의

不無自體 (불무자체): 자체는 없다는 것도 아니며

自體不有 (자체불유): 자체가 있다는 것도 아니요,

不有不無 (불유불무): 있는 것도 아니며 없는 것도 아니니라.

菩薩 (보살): 보살이여,

無不無相 (무불무상): 없다느니, 없지 않다느니 하는 모습은

非言說地 (비언설지): 언설로 도달되는 경지가 아니니라.

何以故 (하이고): 왜냐하면

眞如之法 (진여지법): 진여의 법은

虛曠無相 (허광무상): 텅 비고 넓고 넓어서 모습이 없나니,

非二乘所及 (비이승소급): 2승(乘)이 미칠 수 있는 경지가 아니기 때문이니라.

虛空境界 (허공경계): 허공의 경계는

內外不測 (내외불측): 안과 밖을 헤아릴 수 없는 것이어서

六行之士 (육행지사): 6경지를 실천하는 육행보살이라야

乃能知之 (급능지지): 이것을 알 수 있느니라.

大力菩薩言 (대력보살언): 대력 보살이 여쭈었다.

云何六行 (운하육행): 어떠한 것을 6행(行)이라 합니까?

願爲說之 (원위설지): 원컨대 설명하여 주십시오.

佛言(불언): 부처님께서 말씀하셨다.

1. 첫째는 10단계의 $(0 + 1i)$ 가 존재의 실상임을 믿는 신행(信行)이요,

2. 둘째는 10단계의 $(0 + 1i)$ 가 존재의 실상에 머무르는 주행(住行)이요,

3. 셋째는 10단계의 $(0 + 1i)$ 가 존재의 실상임을 행하는 행행(行行)이요,

4. 넷째는 10단계의 $(0 + 1i)$ 가 존재의 실상을 실천하는 회향행(回向行)이요,

5. 다섯째는 10단계의 $(0 + 1i)$ 경지에 머무르는 지행(地行)이요,

6. 여섯째는 부처님처럼 $(0 + 1i)$ 가 존재의 실상임을 아는 등각행(等覺行)이니,

如是行者 (여시행자): 이와 같이 6행을 모두 실행하는 사람이라야

乃能知之 (급능지지): 능히 (모든 존재의 실상)을 알 수 있느니라.

3차원에 사는 우리는 삼층석탑이 최고의 이상향이었다. 찌그러질 대로 찌그러지고 오그라질 대로 오그라진 시대였던 이씨 왕조 시절에는 오너 이 씨와 선비임을 빙자했던 사림(士林)탈레반들이 신라시대 9층 탑, 고려시대 10층 탑 따위는 감히 생각하지도 않았는데, 수양대군 세조가 서울 원각사에 초라하지만 고려시대 스타일로 10층탑을 세웠다. 세계 최대의 불교 10층탑은 인도네시아 자바섬의 보로부두르 대탑이다. 10층의 우뚝솟은 탑 속에 부처상이 하나 있었는데, '미완성 부처'라고 했다. 아직 내 안의 부처를 완성하지는 못했으나, 내 안에 부처가 없는 것이 아니므로.

1. 몸이 있는 (1) 이지만, 생각을 생각으로 (i) (i)하여 (−1)을 만들어 (0의 부처마음)을 굳게 믿고
2. 어떤 경계에도 그 마음이 대상을 쫓아 나가지 않게 (0)의 자리를 지키며
3. 미완성 부처로 행동하고
4. 미완성 부처로 위타인설, 위인해설하며 법을 전하고 보시의 회향을 하며
5. 그러한 회향에도 부처답게 주면 줄 뿐! 하면 할 뿐으로 거울처럼 살며
6. 그렇게 해서 미완성 부처가 완성부처가 될 때까지 정진하는

것이다

이것을 실행하는 것이 육행보살이 되는 길이다.

입실제품 5-8

大力菩薩言 (대력보살언): 대력 보살이 여쭈었다.

實際覺利 (실제각리): 실제(實際) 깨달음의 이익이라는 것은

無有出入 (무유출입): 어디로 나가고 어디에서 들어옴도 없는데,

何等法心 (기등법심): 어떠한 법과 마음으로

得入實際 (득입실제): (0 + 1i) 라는 존재의 진실상에 들어갈 수 있는 것입니까?

불언 (佛言): 부처님께서 말씀하셨다.

實際之法 (실제지법): (0 + 1i) 라는 존재의 진실상의 법은,

法無有際 (법무유제): 법에 끝[際]이 없으므로

無際之心 (무제지심): 한계가 없는 마음이라야

則入實際 (칙입실제): 실제에 들어가느니라.

大力菩薩言 (대력보살언): 대력 보살이 여쭈었다.

無際心智 (무제심지): 한계가 없는 마음의 지혜는

其智無崖 (기지 무애): 그 지혜가 가이 없으며,

無崖之心 (무애지심): 가없는 마음이라야

心得自在 (심득자재): 그 마음에 자재함을 얻나니,

自在之智 (자재지지): 자재로운 지혜라야

得入實除 (득입실제): 실제(實際)에 들어가게 될 것입니다.

如彼凡夫 (여피범부): 그러나 저 범부들처럼

軟心衆生 (연심중생): 마음이 유약한 중생들은

其心多喘 (기심다단): 그 마음에 헐떡거림이 많으리니,

以何法御 (이하법어): 어떠한 법으로 그 헐떡거림을 제어해서

令得堅心 (영득견심): 견고한 마음을 얻어서

得入實際 (득입실제): 실제에 들어갈 수 있게 하겠습니까?

佛言 (불언): 부처님이 말하였다

菩薩 (보살): 보살이여,

彼心喘者 (피심천자): 저 마음이 헐떡거리는 사람들은

以內外使 (이내외사): 안과 밖의 번뇌로 안팎으로 꼬리를 물고 물어서

隨使流注 (수사류주): 흘러 흘러 물방울이 모여

滴瀝成海 (적력성해): 바다를 이룬 뒤

大風鼓浪 (대풍고랑): 커다란 바람이 바다를 두들겨 파도를 만들면

大龍驚駭 (대용경해): 큰 용이 놀라 날뛰나니,

驚駭之心 (경해지심): 그 놀라 날뛰는 마음 때문에

故令多喘 (고령다천): 헐떡거림이 많게 되느니라.

菩薩 (보살): 보살이여,

令彼衆生 (영피중생): 저 중생들로 하여금

存三守一 (존삼수일): 〈아주 중요한 셋〉을 보존하고, 〈특히 중요한 하나〉를 지키게 해서

入如來禪 (입여래선): 여래선(如來禪)에 들어가게 하나니,

以禪定故 (이선정고): 그 여래선의 선정으로 인해

心則無喘 (심즉무단): 마음은 헐떡거림이 없어지게 되느니라.

大力菩薩言 (대력보살언): 대력 보살이 여쭈었다.

何謂存三守一 (하위존삼수일): 어떤 중요한 셋을 보존하고, 어떤 특수한 하나를 지키게 해서

入如來禪 (입여래선): 여래선에 들어가게 한다고 하시는 것입니까?

佛言 (불언): 부처님께서 말씀하셨다.

存三者 (재삼자): 중요한 셋을 보존한다는 것은

存三解脫 (존삼해탈): 〈세 가지 해탈〉을 보존하는 것이니라.

守一者 (수일자): 특수한 하나를 지키게 한다는 것은

守一心如 (수일심여): 일심의 여여함을 지키는 것이니라.

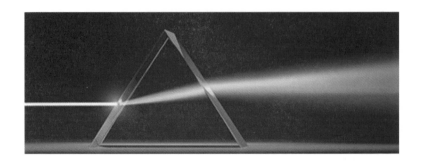

프리즘 효과 : 우리 인간과 모든 신들은 '내가 있다'라는 착각으로 자신이 프리즘이라는 것을 모르고 산다. 빛이라는 진실이 자신에 의해서 왜곡되는 것이다. 내가 있음으로 즉 6근이 있고, 6경이 있고, 6식이 있어서 그 3가지가 나를 진실을 못 보게 묶어두고 있다는 것이다.

그 묶임에서 벗어나는 것, 그것이 해탈(解脫)이다. 세 가지에 속박되어 있으니, 세 가지 해탈을 해야 한다.

입실제품 5-9

入如來禪者 (입여래선자): 여래선(如來禪)에 들어간다는 것은

理觀心如 (이관여심): 〈마음의 여여함〉을 이치 그대로 '관(觀)'하는 것이며

入如是地 (입여시지): 이와 같은 마음의 경지에 들어가면

卽入實際 (즉입실제): 바로 실제(實際)로 들어가게 되는 것이니라.

大力菩薩言 (대력보살언): 대력 보살이 여쭈었다.

三解脫法 (삼해탈법): 세 가지 해탈법이란

是何等事 (시하등사): 어떠한 일을 말씀하신 것이며

理觀三昧 (이관삼매): 이치 그대로 '관(觀)'하는 삼매(三昧)는

從何法入 (종하법신): 어떠한 법을 따라서 들어가는 것입니까?

佛言 (불언): 부처님께서 말씀하셨다.

三解脫者 (삼해탈자): 세 가지 해탈이란 바로

虛空解脫 (허공해탈): 몸 밖 외부 세상에 존재하는 모든 것은 자신의 뇌에서 투사하여 허공이라는 스크린에 투사한 것이니, 속지 말고 모두 해탈하여야 한다는 것

金剛解脫 (금강해탈): 내 안의 6근이 그것을 받아들인 것이니 강력한 금강으로 그 허상을 파상(破相)하여 해탈하여야 한다는 것

般若解脫 (반야해탈): 모든 '상(相)'은 상이 아니니 생각(i)의 반야의 배를 타서 해탈해야 한다는 것이니라.

理觀心者 (이관심자): 이치 그대로 '관(觀)' 한다는 것은

心如理淨 (심여리정): 공허하며, '상'이 없으며, 마음이 그대로 청정하여

無可不心 (무하불심): 옳다. 그르다 하는 가부(可不)의 마음이 없게

되는 것이니라.

大力菩薩言 (대력보살언): 대력 보살이 여쭈었다.
云何存用 (운하존용): 그럼 특수한 무엇하나를 보존하는 작용이라
하시는 것이며,
云何觀之 (운하관지): (0 + 1i)에서 무엇을 '관(觀)'한다. 라고 하심
입니까?

바다의 그림에는 눈에 보이지 않는 온갖 것이 있다. 나무도, 황
혼에 지는 해도. 새들도 있다. 지나가는 배와 사공은 실제와 그
림자가 다 보인다. 부처님이 깨달으신 정각(正覺)상태에서 세계
를 보았더니, 법계의 참 모습과 달랐다. 모두 바다위의 그림자
였던 것이다. 그럴 것이다. 우리의 눈이, 우리의 업이, 그래서 우
리가 보는 것이 모두 뇌에서 '업'을 재료로 허공의 스크린에 투

사해 둔 것이 아니었던가? 해를 건지러 저 바다에 들어간 들, 새를 잡으러 저 바다에 들어간 들, 우리는 어느 것 하나 잡을 수 있는 것이 없다. 그래서 부처님은 바다 위의 그림자에서 3가지 해탈로 벗어 나셨다.

그런데 부처님이 그림자를 볼 수 없게 된다면?
부처님은 결국 저 바닷물을 잘 보존하기로 하셨다.
허상이지만 잘 보이고, 모든 것을 볼 수 있게끔.
지금 그 하나 바다를 잘 보존하라고 하시는 것이다.

입실제품 5-10

佛言 (불언): 부처님께서 말씀하셨다.

心事不二 (심사불이): 마음과 현상이 둘이 아닌 채로

是名存用 (시명존용): $(0 + 1i)$을 그냥 그렇게 지켜보는 것은 보존하는 작용(存用)이라 부르고,

內行外行 (내행외행): 보는 나의 안에서 '행(行)'이 일어나고 밖의 경계에서 '행'이 일어남에도,

出入不二 (출입불이): 그 '행'을 따라 나가고 들어옴에 둘이 아니며,

不住一相 (부주일상): 하나의 '상(相)'에 머무르지 않고,

心無得失 (심무득실): 마음에 얻고 잃음이 없어서

一不一地 (일부일지): 하나이면서도 하나 아닌 경지로

淨心流入 (정심유입): 마음이 청정하게 하여 흘러들어 가게 두는 것을

是名觀之 (시명관지): $(0 + 1_i)$을 '관(觀)'한다고 부르는 것이니라.

菩薩 (보살): 보살이여,

如是之人 (여시지입): 이러한 사람은

不在二相 (부재이상): 두 가지 모습에 머무르지 않느니라.

雖不出家 (수불출가): 비록 출가를 하지는 않았으나

不住在家 (부주재가): 그렇다고 집에 있다는 것도 아니니라.

雖無法服 (수무법복): 비록 법복(法服)이 없고

不具持波羅提木叉戒 (불구지바라제목차계): 바라제목차(波羅提木叉)의 계를 갖추지 않고

不入布薩 (불입포살): 승단의 포살(布薩)에 들어가지 않는다. 하더라도

能以自心 (능이자심): 자신의 마음으로

無爲自恣 (무위자자): 인위적인 조작 없이 저절로 편안하기 때문에

而獲聖果 (이획성과): 성인의 도과(道果)를 얻어서

不住二乘 (부주이승): 2승(乘)에 머무르지 아니하고

入菩薩道 (입보살도): 보살도에 들어간 뒤에

後當滿地 (후당만지): 마땅히 수행의 경지를 하나하나 다 채워서

成佛菩提 (성불보살): 부처님의 깨달음을 이루게 되느니라.

大力菩薩言 (대력보살언): 대력 보살이 여쭈었다.

不可思議 (불가사의): 불가사의합니다.

如是之人 (여시지인): 이러한 사람은

非出家 (비출가): 출가(出家)하지는 않았지만

非不出家 (비불출가): 출가하지 않은 것도 아닙니다.

何以故 (하이고): 왜냐하면

入涅槃宅 (입열반택): 〈욕망의 불이 꺼진 육체의 몸 안〉에 들어가서

著如來依 (제여래의): 여래의 옷을 입고

坐菩提座 (좌보살좌): 깨달음의 자리에 앉은 것이기 때문입니다.

如是之人 (여시지인): 이러한 사람은

乃至沙門 (내지사문): 승가의 사문(沙門)이라 할지라도

宜應敬養 (의응경양): 마땅히 존경하고 공양하여야 하겠습니다.

佛言 (불언): 부처님께서 말씀하셨다.

如是 (여시): 그러하니라.

何以故 (하이고): 왜냐하면

入涅槃宅 (입열반택): 〈욕망의 불이 꺼진 육체의 몸 안〉에 들어가 있어도

心越三界 (심월삼계): 마음은 3계를 뛰어넘었으며,

著如來依 (제여래의): 여래의 옷을 입고

入法空處 (입법공처): 〈제법 공처〉의 자리에 들어가서

坐菩提座 (좌보살좌): 깨달음의 자리에 앉아서

登正覺一地 (등정각일지): 정각(正覺)의 경지에 올라갔으니,

如是之人 (여시지인): 이와 같은 사람은

心超二我 (심월이아): 마음으로 〈색의 나〉와 〈공의 나〉 그 두 가지 나를 뛰어넘었거늘,

何況沙門 (하황사문): 어찌 하물며 사문이라 하여

而不敬養 (이불경양): 존경하고 공양하지 않겠는가?

大力菩薩言 (대력보살언): 대력 보살이 여쭈었다.

如彼一地 (여피일지): 저와 같이 〈모든 것이 하나인 경지〉와

及與空海 (급여공해): '공(空)'의 바다 같은 것을

二乘之人 (이승지인): 2승(乘)의 사람들은

爲不見也 (위불견야): 볼 수가 없는 바이겠습니다.

佛言 (불언): 부처님께서 말씀하셨다.

如是 (여시): 그러하니라.

彼二乘人 (피이승인): 저 2승(乘)의 사람들은

昧著三昧 (미자삼매): (1의 나)를 싫어하여 (0의 나)의 삼매에 탐닉하여

得三昧身 (득삼매신): 삼매의 몸을 얻지만

於彼空海一地 (어피공해일지): 저 〈공의 바다와 같은 여일한 경지〉에서는

如得酒病 (여득주병): 마치 술에 취한 병에 걸린 사람 같아서

惛醉不醒 (혼취불성): 침침하며 취하여 깨어나지 못하거나,

乃至數劫 (내지수겁): 수많은 겁을 보내고도

猶不得覺 (유불득각): 여전히 깨어나지 못하다가

酒消始惡 (주소시오): 술기운이 사라지고 나서야 비로소 깨어난 후

方修是行 (방수시행): 결국 이러한 행함을 모두 닦은 뒤에야

後得佛身 (후득불신): 불신(佛身)을 얻게 되는 것이니라.

如彼人者 (여피인자): 그런데 자신이 $(0 + 1i)$의 존재임을 깨달은 사람이

從捨闡提 (종사천제): 성불할 성품이 안 된다는~ 일천제(一闡提)를 버리고

卽入六行 (즉입육행): 곧바로 여섯 가지의 행함에 들어가

於行地所 (어행지소): 수행하는 곳에서

一念淨心 (일념정심): 일념으로 마음을 깨끗이 한 뒤

決定明白 (결정명백): 결정, 명백의 본각의 자리에서

金剛智力 (금강지력): 금강 같은 지혜의 힘으로

阿毘跋致 (아빌발치): 영적으로 후퇴함이 없는 아비발치의 경지에서

度脫衆生 (도탈중생): 중생을 제도하되

慈悲無盡 (자비무진): 자비심에 다함이 없느니라.

大力菩薩言 (대력보살언): 대력 보살이 여쭈었다.

如是之人 (여시지인): 이러한 보살 종자의 성품을 가진 사람은

應不持戒 (응부지계): 마땅히 계율(戒律)을 지키지 않는 경우도 있으리니,

於彼沙門 (어피사문): 승가의 사문들은

應不敬仰 (응불경앙): 당연히 공경하거나 우러러보지 않을 것입니다.

佛言 (불언): 부처님께서 말씀하셨다.

爲說戒者 (위설계자): 계율을 설명하는 사람의 입장에서

不善慢故 (불선만고): 그 마음이 착하지 않고 교만해서

海波浪故 (해파랑고): 마음 바다의 파도와 물결 때문에 그렇게 보일 수는 있어도

如彼心地 (여피심지): 그 보살 종자의 성품을 가진 사람 마음의 땅은

八識海澄 (입식해등): 8식(識)의 바다가 잔잔하고,

九識流淨 (구식류정): 9식(識)의 흐름이 청정해서

風不能動 (풍불능동): 경계의 바람이 그것을 움직이게 할 수 없고,

波浪不起 (파랑불기): 감정의 파도와 물결이 일어나지 않느니라.

戒性等空 (계성등공): 계율만을 고집하지만 계율의 근본 바탕은 허공과 같은 것이어서

持者迷倒 (지자미도): 그것을 지키는 자는 도리어 미혹하여 엎어지게 된다.

如彼之人 (여피지인): 반면에 저 보살 종자의 성품을 가진 사람은

六七不生 (육칠불생): 6식(識)과 7식이 일어나지 않고

諸集滅定 (제집멸정): 모든 갈망과 애욕이 사라져 고요하며,

不離三佛 (불리삼불): 세 부처를 여의지 않고

而發菩提 (이발보리): 보리심을 발하느니라.

三無相中 (삼무상중): 세 가지 무상(無相) 가운데서도

順心玄入 (순심현인): 마음을 따라 깊이 들어가서

深敬三寶 (심경삼보): 삼보(三寶)를 깊이 공경하고

不實威儀 (부실위의): 위의(威儀)를 잃지 않으니

於彼沙門 (어피사문): 저 사문에 대해서도

不無恭敬 (불무공경): 공경하지 않음이 없을 것이니라.

菩薩 (보살): 보살이여,

彼仁者 (피인자): 저 (0 + 1i)이 자신의 정체임을 깨우친 사람은

不住世間 (부주세간): 세간의

動不動法 (동부동법): 움직이거나 움직이지 않는 법에 머무르지 않느니라.

入三空聚 (입삼공취): 반면에 공(空), 무형(無形), 서원을 통한 삼해탈을 구성하는 〈삼공취〉에 들어가

滅三有心 (멸삼유심): 〈삼유심〉의 마음을 없애느니라.

大力菩薩言 (대력보살언): 대력 보살이 여쭈었다.

彼仁者 (피인자): 저 걸림이 없이 일체 중생에 덕이 높은 사람은

果足滿德佛 (과족만덕불): 지금의 자신이 세세생생 자신의 모든 행위임을 알아 만족하며 덕을 쌓는 일을 미완성 부처로 그렇게 하며

如來藏佛 (여래장불): 미완성여래이지만 여래장의 모든 보물을 바르게 쓰는 부처행을 하며

形像佛 (형상불): 자신의 형상 속에 이미 부처가 있듯이 모든 타인들도 미완성부처임을 알아

而發菩提心 (이발보리심): 보리심을 발하여

入三聚戒 (입삼섭계): 1) 모든 계율을 지키고 2) 바른 업을 이어가고 3) 인연된 모든 중생을 제도해주는 그 세 가지의 청정한 계율에 들어가기는 하지만

不住其相 (부주기상): 그런 일을 했다는 마음의 '상'에도 머무르지는 않고,

滅三有心 (멸삼유심): 〈삼유심〉을 다 없어졌다고 할지라도

不居寂地 (불거적지): 공적한 경지에도 거주(居住)하지 않으며,

不捨可衆 (불사가중): 제도할 만한 중생을 버리지 않으려고

入不調地 (인불조지): 거칠고 평탄치 않은 중생계의 땅에 들어갔으니

不可思議 (불가사의): 불가사의합니다.

爾時 (이시): 그 때에

舍利弗 (사리불): 사리불(舍利弗)이

從座而起 (종좌이기): 자리에서 일어나

前說偈言 (전설게언): 부처님 앞에서 게송으로 말하였다.

具足般若海 (구족반야해): 반야의 바다를 갖추었지만

不住涅槃城 (부주열반성): 열반의 성에도 머물지 않으시니

如彼妙蓮華 (여피묘운화): 마치 저 미묘한 연꽃이

高原非所出 (고원비소출): 높은 언덕에서 나지 않은 것 같습니다.

諸佛無量劫 (제불무량겁): 모든 부처님께서 무량한 겁 동안

不捨諸煩惱 (불사제번뇌): 온갖 번뇌를 버리지 않으시고

度世然後得 (도세연후득): 세상 건지신 뒤에 득도하심은

如泥華所出 (여혼화소출): 마치 진흙에서 연꽃이 나오는 것 같습니다.

如彼六行地 (여피육행지): 저러한 6행(行)의 경지는

菩薩之所修 (보살지소수): 보살(菩薩)이 닦을 바요,

如彼三空聚 (여피삼공취): 저러한〈삼공취〉같은 계율은

菩提之眞道 (보살지진도): 보리로 가는 참된 길이옵니다.

我今住不住 (아금주부주): 저도 이제 머물되 머무르지 않는 것은

如佛之所說 (여불지소설): 부처님께서 설하신 바와 같으니

來所還復來 (내소환복소): 와야만 할 곳으로 다시 돌아와

具足然後出 (구족연후출): 보살도 갖춘 뒤에 나오겠습니다.

復令諸衆生 (복령제중생): 또한 모든 중생들로 하여금

如我一無二 (여아일무이): 나와 하나요, 둘이 없게 하여

前來後來者 (전래후래자): 앞에 오는 사람이나 뒤에 오는 사람 모두

悉令登正覺 (실령등정각): 모두 바른 깨침에 이르게 하겠습니다.

爾時 (이시): 그 때에

佛告 (불고): 부처님께서

舍利弗言 (사리불언): 사리불에게 말씀하셨다.

不可思議 (불가사의): 불가사의하니라.

汝當於後 (여당어후): 너는 마땅히 장차

成菩提道 (성보리도): 깨달음의 길을 성취하여

無量衆生 (무량중생): 한량없는 중생들이

超生死苦海 (초생사고해): 생사(生死)의 바다를 벗어나게 하리라.

爾時 (이시): 그 때에

大衆 (대중): 대중들은

皆惡菩提 (개오보살): 모두 보리를 깨달았고,

諸小衆等 (제소중등): 거기 모인 모든 소승의 무리들도

入五空海 (입오공해): 삼차원의 물질인 자신, 6도 윤회하는 자신, 법, 이름과 허물 그리고 마음이 모두 공한 것임을 확연히 깨닫는 지혜의 바다로 들어갔다.

Chapter Four

생활에의
실제적 작용 –
여래장 메트릭스

6. 생각하는
힘의 일각통지력 - 진성공품

밀레니엄 문제	
미증명이론	호지 추측
	리만 가설
	양- 밀스 가설 : 존재와 질량 간극
	P- NP 문제
	버츠 & 스위너톤-다이어 추측
	NS 방정식- 나비에 스토크스 방정식
페렐만	푸앵카레 정리- OK

7 가지 안 풀리는 수학의 과제

▲ 그림=정서용

석굴암의 숨어있는 수의 비밀

일각의 일은 무엇인가? 바로 $(0 + 1i)$다!

이 1각은 어떤 힘을 가지고 있는가?

한 인간의 욕망은 끝이 없어서 (0)에서 (∞), 즉 $(\sum_{n=0}^{\infty} n)$만큼이다. 그러나 자신의 욕망은 $(\sum_{n=0}^{\infty} 1/n)$만큼만 채워지게 되어있다.

그런데 일각(一覺)의 힘은 그 어떤 것도 모든 것도 필요한 것은 다 알게 되는 힘을 가진다는 것이다. 참 사람들과 수행자들이 지혜라는 말을 쉽게도 한다. 다시 밝히지만 지혜의 지(智)는 알지(知)가 쌓이고 쌓여 발효가 될 정도가 되면 생기는, 각 세계의

(1)에서 (∞)로 자신을 강하게 만드는 경우에 생긴다. 반면에 지혜의 혜(慧)는 (1)에서 (0)을 향해 끝없는 $(\lim_{n \to \infty}(\frac{1}{n})^n)$의 무아(無我)의 탐구를 하는 사람과 신들에게만 생기는 것이다. 그때 생기는 힘이 통지력(通智力), 진정한 〈생각하는 힘〉이다.

부처님은 말한다. 우리가 진짜 $(0 + 1i)$의 '공(空)'의 세계에 들어가면, 일각통지력이라는 모든 것을 다 알게 되는 지혜의 힘을 갖추게 된다고, 『금강삼매경』에서 밝히신다. 그 지혜의 바다이름은 흑해도 아니고 카스피 해도 아니고, 태평양도 대서양, 인도양도 아닌 해인삼매의 바다다. 그 이름은 살바야 해(海)이다!

지금 이 지구상에는 수학의 천재들이 전부 달려들어도 증명하지도 못하는 7가지 〈밀레니엄 문제〉가 있었다. 그 중 하나는 2002년 러시아의 '페렐만'이 증명했다. 그는 7분제 하나마다 걸려있던 상금 100만 불도 그리고 어떤 상도 거절했다. 그런데 1300여 년 전에 우리 조상들이 만든 석굴암의 수학적 원리를 알면 나머지 6가지 문제 중의 반인 3개 정도는 풀릴 것 같다고 말한다. 우리는 아직 석굴암의 수학적 원리를 풀지 못했기 때문이다. 언젠가 한국의 내노라! 하는 선객(禪客)들 중에 살바야 해의 일각통지력(一覺通智力)으로 나머지 6문제와 석굴암의 비밀을 다 풀기를 바란다.

그런데 왜 못 풀었을까? 답은 간단한 것 아닐까? 10진법이라는 상(相)에 묶여있는 한, 답을 못 찾을지도 모른다. 물론 진법변환 계산기라는 것도 있다.

석굴암은 10진법의 수학으로 풀리지는 않지만, 12진법으로도 안 풀린다면 신라 경덕왕 (서기 751년)이 좋아하던 어떤 척도, 혹은 김대성이 지니고 있던 어떤 척도에 따라 석굴암을 세웠을 것이다. 어느 척도인지 일반인들은 모르겠지만, 참선인 중에 일각통지력이 생길 정도가 되면 하늘 별자리인 28진법인지, 보살 52계위의 52진법인지 확인 될 것이다.

일각통지력은 모든 '상(相)'을 벗어난 진정한 '공(空)'의 자리이기 때문에 재가자 출가자 남녀노소 구분이 없다. 외국인도 좋다. 자와 척도 그리고 10진법 등은 모조리 '상(相)'이다. 12진법, 28진법, 52진법도 모조리 상이다.

진성공품 6-1

爾時 (이시): 그 때

舍利弗 (사리불): 사리불이

而白佛言 (이백불언): 부처님께 아뢰었다.

尊者 (세존): 세존이시여,

修菩薩道 (수보살도): 〈0과 1이 원융한 공의 보살〉로서 보살도를 닦는 데는

無有名相 (무유명상): 이름과 '상(相)'이 없고

三戒無儀 (삼계무의): 〈삼계취〉 즉〈모든 악을 버리고, 모든 선을 행하며, 모든 중생을 해탈하게 하는 이 세 가지 청정한 계율〉에는 형식도 없는데,

云何攝受 (운하섭수): 어떻게 이런 것을 받아들여서

爲衆生說 (위중생설): 중생들에게 설명을 할 수 있겠습니까?

願佛慈悲 (원불자비): 원하옵건대 부처님께서는 자비를 베푸시어

爲我宣說 (위아선설): 저희를 위해 말씀하여 주십시오.

佛言 (불언): 부처님께서 말씀하셨다.

善男子 (선남자): 선남자여,

汝今諦聽 (여금제청): 그대는 이제 자세히 들어라.

爲汝宣說 (위여선설): 너희들 수행자들과 재가자들을 위해 설명하여 주리라.

善男子 (선남자): 선남자여,

善不善法 (선불선법): 사람과 신들이 옳다거나 옳지 않다거나 하는 법은

從心化生 (종심화생): 마음을 따라서, 변화하여

一切境界 (일체경계): 일체의 경계를

意言分別 (의신분별): 자신의 경험을 바탕으로 의식과 언어로 분별한 것이니,

制之一處 (제지일처): 일심의 바다! 그 $(0 + 1i)$의 한 곳에서 (i)의 상이 없음을 알면서도 또 하나의 (i)로 제어(制御)하면

衆緣斷滅 (중연단멸): $(i^2 = -1)$ 이기에 온갖 '연'이 끊어져 없어지게 되느니라.

何以故 (하이고): 왜냐하면

善男子 (선남자): 선남자여,

一本不起 (일본불기): $(0 + 1i)$에서 (i)가 일어나지 않게 되면

三用無施 (삼용무시): 내가 있고 남이 있고, 세상이 있다라는 3유의 작용이 멈추게 되어

住於如理 (주어여리): 〈여여의 이치〉대로 $(i^0$의 1)이 되어

六道門杜 (육도문두): 6도의 문이 닫히게 되므로

四緣如順 (사연여순): 네 가지 '연'이 여여(如如)에 순응하게 되어

三戒具足 (삼계구족): 〈삼계취〉가 저절로 갖추어지리라.

$$i^{\,0} \ne i^{\,4}$$

(1)이라고 다 같은 (1)이 아니다.
(0)과 (1)이 원융한 (1)만이 참된 (1)이다.

$$i^{\,0} = 1 \qquad i^{\,4} = 1$$

(1)본불기 (3)용무시는 여래장에 들어가지 못하는 중생들의 어리석음의 잠금장치였다.

 $(0 + 1i)$에서 (i)가 일어나지 않게 되면, 〈내가 있고 남이 있고, 세상이 있다〉라는 3유의 작용이 멈추게 되어 〈여여의 이치〉대로 (i^0의 1)이 되어 6도의 문이 닫히게 되므로 윤회로부터 해탈이 된다!

(i^0의 1)은 시각적으로 보듯이 (1)속에 이미 (0)이 있다. 반면에 (i^4의 1)에는 (1)속에 1.2.3을 거쳐 온 (4)가 있을 뿐이다. 원융회통(圓融)은 (i^0의 1)만을 말하며, 원융의 원(圓)은 거대한 순환, 융(融)은 화합을 말한다! 다시 말하면 (0과 1이 같이 있는 1)을 말한다. 그 〈원융(圓融)의 1〉을 세울 줄 모르면, 기독교의 성부 성자, 성신, 불교의 법신, 보신, 화신을 말한들 그것은 허망한 소리가 된다. 그 (1)이 없으면 (3)을 쓸 수 없는데 무슨 재주로 천

기, 지기, 인기를 다 쓸 것이며, 삼위일체(三位一體)를 그 운운할 것이란 말인가?

진성공품 6-2

舍利弗言 (사리불언): 사리불이 여쭈었다.

云何四緣如順 (운하사연여순): 어떻게 네 가지 '연'이 여여(如如)해지고

三戒具足 (삼계구족): 〈삼계취〉가 저절로 갖추어진다는 말입니까?

佛言 (불언): 부처님께서 말씀하셨다.

四緣者 (사연자): 네 가지 '연'이란,

1.

作擇滅力 (작택멸력) 取緣 (취연): 첫째는 선택적으로 생각을 소멸시킬 수 있는 힘으로 필요한 생각 (i)를 취하는 '연'이니

攝律儀戒 (섭률의계): 계와 율을 한 차원 높은 힘으로 다 통섭할 수 있음을 말하며,

2.

本利淨根力 (본리정근력): 둘째는 우리의 본래 자신인 그 청정한 뿌

리의 힘으로

所集起緣 (소집기연): 필요한 인연의 힘을 모아 일으키는 '연'이니

攝善法戒 (섭선법계): 모든 바른 인연의 메트릭스를 만들 수 있음을 말하는 것이요,

3.

本慧大悲 (본혜대비): 셋째는 본각인 원각의 (0)의 자리에서 나오는 큰 자비(悲)는

力緣 (역연): 그 힘으로 필요한 인연을 만들어

攝衆生戒 (섭중생계): 구하고 바라는 일체중생을 위한 보살행을 할 수 있음을 말하며,

4.

一覺通智力緣 (일각통지력연): 넷째는 (⚬의 1인 일각)의 힘으로 생기는 '연'을 말하는데

順於如住 (순어여주): 〈여여〉에 따라 (⚬의 1)의 상태에서 발하는 힘이니

是謂四緣 (시위사연): 이것을 네 가지 '연'이라 말하느니라.

善男子 (선남자): 선남자여,

如是四大緣力 (여시사대연력): 이러한 네 가지 큰 '연'을 반연하는 힘은

不住事相 (부주사상): 현상의 모습으로 나타나 드러나 머물지 않지만

不無功用 (불무공용): 공력과 작용(功用)이 없는 것이 아니며,

離於一處 (이어일처): 일심의 한 마음의 바다! 그 한 곳(一處: 本覺地)을 떠나서는

卽不可求 (즉불가구): 구하거나 찾을 수가 없느니라.

善男子 (선남자): 선남자여,

如是一事 (여시일사): 이와 같은 하나의 일이

通攝六行 (통섭육행): 전체적으로 6 바라밀행을 통섭하는 것이니,

是佛菩提薩婆若海 (시불보리살바야해): 이것이 부처님의 깨달음인 일체지혜의 바다이니라.

舍利弗言 (사리불언): 사리불이 여쭈었다.

不住事相 (부주사상): 〈0과 1인 원융한 나〉의 작용함이 현상계의 모습(事相)으로는 나타나지 않지만

不無功用 (불무공용): 공을 세우고 공덕을 이루는 작용이 없는 것은 아니다. 라고 하심은

是法眞空 (시법진공): 그 법이 〈진정한 공(空)〉이며,

常樂我淨 (상락아정): 상, 락, 아, 정이어서

超於二我 (초어이아): 내가 존재한다는 아집(我執)과 세상법이 고정불변이라는 법집(法執), 그 두 가지 나를 뛰어넘은

大般涅槃 (대반열반): 〈대반열반〉이며,

其心不繫 (기심불계): 그 마음은 어디에도 속박되어 있는 것이 아니니

是大力觀 (시대력관): 이것은 막대한 힘이 있는 〈자신의 어마 어마한 힘〉을 '관(觀)'하는 것이겠습니다.

是觀覺中 (시관각중): 이러한 〈0과 1인 원융한 나〉로 얻은 깨달음을 얻어가다 보면

應具三十七道品法 (응구삼십칠도품법): 마땅히 저절로 37조도품의 법이 갖추어질 것 같습니다.

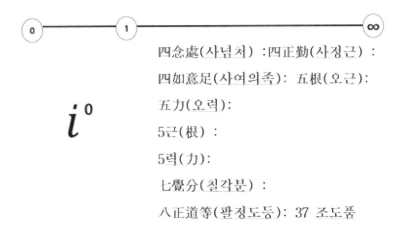

四念處(사념처) : 四正勤(사정근) :
四如意足(사여의족): 五根(오근):
五力(오력):
5근(根) :
5력(力):
七覺分(칠각분) :
八正道等(팔정도등): 37 조도품

진성공품 6-3

佛言 (불언) 如是 (여시): 부처님께서 말씀하셨다. 그러하니라.

具三十七道品法 (구삼십칠도품법): 37조도품의 법을 갖추게 되느니라.

何以故 (하이고): 왜냐하면

四念處 (사념처):

四正勤 (사정근):

四如意足 (사여의족):

五根 (오근):

五力 (오력):

5근 (根):

5력 (力):

七覺分 (칠각분):

八正道等 (팔정도등):

多名一義 (다명일의): 이름이 많으나 하나의 의미를 갖고 있지만

不一不異 (불일불이): 하나도 아니고, 다른 것도 아니니라.

以名數故 (이명수고): 이름과 수행의 종류인 수(數)가 따로 존재하기는 하지만

但名但字 (단명단자): 단지 이름과 글자일 뿐

法 (법) 不可得 (불가득): 〈0과 1인 원융한 나〉의 법은 얻을 수 없는 것이니.

不得之法 (불득지법): 그 얻을 수 없는 법은

一義無文 (일의무문): 하나의 뜻이지, 글자가 아니니라.

無文相義 (무문상의): 문자(文字)가 없는 모습과 의미는

眞實空性 (진실공성): 진실한 〈공의 나의 성품〉이요

空性之義 (공성지의): 〈0과 1인 원융한 공의 나의 성품〉의 의미는

如實如如 (여실여여): 여실히 여여하며,

如如之理 (여여지리): 여여의 이치는

具一切法 (구일체법): 일체의 법을 갖추고 있느니라.

善男子 (선남자): 선남자여,

住如理者 (주여리자): (💧의 1)로 〈0과 1인 원융한 여여의 이치〉인
에 머무르는 사람은

過三苦海 (과삼고해): 고고(苦苦)·괴고(壞苦)·행고(行苦)의 세 가
지 고통의 바다를 건너게 되느니라.

舍利弗言 (사리자언): 사리불이 여쭈었다.

一切萬法 (일체만법): 일체의 법이란

皆悉文言 (개실문언): 모두 다 언어와 문자일 뿐이나

文言之相 (문언지상): 언어와 문자의 모습이

卽非爲義 (즉비위의): 바로 의미했던 바와 같이 되지는 않습니다.

如實之義 (여실지의): 〈여실하다-진실과 부합하다〉라는 의미는

不可言議 (불가언의): 언어로는 그렇게 논하거나 할 수 없는데

今者如來 (금자여래): 이제 여래께서는

云何說法 (운하설법): 어떻게 법을 설하시겠습니까?

佛言 (불언): 부처님께서 말씀하셨다.

我說法者 (아설법자): 내가 법을 설하는 것은

以汝衆生 (이여중생): 너희 중생들이

在生說故 (재생설고): 말로 이해해야 하는 상태나 환경에 있으므로

說不可說 (설불가설): 말할 수 없는 것을 말로 설하자니,

是故說之 (시고설지): 그런 연고로 법을 그렇게 〈여여하다〉라고 설하는 것이니라.

我所說者 (아소설자): 내가 설한 것은

義語非文 (의어비문): 여여(如如)의 낙처이지, 여여의 글자가 아니건만

衆生說者 (중생설자): 중생이 설명하는 것은

文語非義 (문어비의): 글자는 나와 있으되 그 뜻을 제대로 전할 수는 없느니라.

非義語者 (비의어자): 그러하기에 뜻을 나타내지 못하는 말은

皆悉空無 (개실공무): 모두 공허하여 실답지 않은 것이니,

空無之言 (공무지언): 공허하여 실답지 않은 말(空無之言)은

無言於義 (무언어의): 그 뜻을 표현하지도 못하며

不言義者 (불언의자): 뜻에 대해 표현하지 못하다가 보니

皆是妄語 (개시망어): 모두가 〈허망한 빈 말〉이 되고 마는 것이니라.

如義語者 (여의어자): 〈공의 나의 성품〉의 특성인 '여(如)'라는 말은

實空不空 (실공불공): 석공의 아라한들이 창안한 (i)가 허수이며

허상이면서도 실체로는 진공(眞空)이나, 빈 말은 아니며

空實不實 (공실부실): 그 〈공의 나의 성품〉은 '실(實)'이지 〈실하지 못한 것〉이 아니니라.

離於二相 (이어이상): 실함과 '실'하지 못함 그 두 가지 모습을 떠나

中間不中 (중간부중): 중간이라 할지라도 중용이 되는 것은 아니며

不中之法 (부중지법): 그 중용의 법은

離於三相 (이어삼상): 그 세 가지 상(三相)도 떠나있기에

不見處所 (불견처소): 어디에 있는 것인지 그 처소를 찾을 수 없으니라

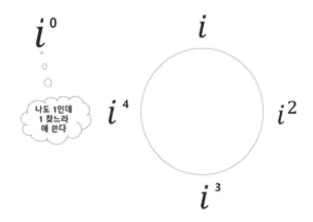

바다위의 도장 해인은 〈없는데 있는 것처럼 보인다.〉 그래서 (i^1, i^2, i^3, i^4.......$i^{1000000}$)을 한들 〈없는 것을 구하러 다니는 것〉이라고 한다. 이 상태를 알고 구하고 얻으러 다니는 것을

다 멈추면 해인삼매(海印三昧)라고 한다. 그러면 온갖 여래장의 보배창고를 마음껏 쓸 수 있는 화엄삼매라는 것은 무엇일까?

화엄(華嚴)의 화(華)는 꽃이지만 〈공덕이 활짝 피어난 꽃〉이다. 당신은 안다. 〈사람 몸 받기 어렵고, 불법 만나기는 더 어렵다는 것〉을. 그런데 당신은 지금 두 가지의 공덕을 이미 갖춘 사람이기도 하고 신(神)이기도 한 것 아닌가? 당신은 〈있는 것을 몰랐을 뿐〉이다.

화엄삼매는 〈있는 것을 몰랐다〉에서 〈 🖐 의 1)을 알아서 내게는 없는 것이 단 하나도 없었구나.〉를 알게 된 상태를 말한다.

진성공품 6-4

如如如說 (여여여설): 〈있는 그대로라 함〉은 그렇게 〈있는 그대로〉 말하는 것이니라.

如無無有 (여무무유): 그러한 진여는 (🖐 = 1)이어서 (없음)도 아니고 (있음)도 아니나

無有於無 (무유어무): (🖐)이어서 '있음'이 아니기에 (0)인 '없음' 이 되며

如無有無 (여무유무): 진여는 〈없다는 무〉가 아니며

有無於有 (무유어유): 〈없을 무〉가 아니기에 〈있을 유〉인 (ℓ의 1)
이 되느니라.

如有無不在 (여유무부재): 이렇게 '유와무'로 존재하는 것이 아니고

說不在說故 (설부재설고): 말은 되지만, 말할 수 없는 것을 말하는
까닭으로

不在於如 (부재어여): 〈공의 나의 성품-여〉라는 것은 따로 있지는
않지만.

如不有如 (여불유여): 〈공의 나의 성품-여〉라는 것은 따로 존재하
지 않는다고 해서

不無如說 (불무여설): '여(如)'가 없는 것은 아니라고 말하는 것이
니라.

舍利弗言 (사리불언): 사리불이 여쭈었다.

一切衆生 (일체중생): 일체의 중생들은

從一闡提 (종일천제): 부처나 보살의 종자가 없다는 처음부터 시작
해야하니

闡提之心 (천제지심): 그러한 일천의 마음으로 시작하여

住何等位 (주하등위): 어떠한 지위에 머무는 경지가 되어야

得至如來 (득지여래): 여래와

如來實相 (여래실상): 여래의 실상에 도달할 수 있겠습니까?

佛言 (불언): 부처님께서 말씀하셨다.

從闡提心 (종천제심): 일반 중생의 마음으로

乃至如來 (내지여래): 여래와

如來實相 (여래실상): 여래의 실상에 도달하려면

住五等位 (주오등위): 다섯 단계의 지위에 머물러야 하느니라.

1.

信位 (신위): 첫째는 나도 〈내 안의 부처〉가 확실히 있다는~ 〈믿음의 단계〉이다.

信此身中 (신차신중): 금생에 받아 나온 이 몸속에

眞如種子 (진여종자): 진여의 종자(種子)가

爲妄所翳 (위망소예): 비록 삶과 업에 중독된 마음으로 가려져 있으나

捨離妄心 (사리망심): 그 허망한 중독된 마음을 버리면

淨心淸白 (정심청백): 마음이 청정해지는 것을 믿고

知諸境界 (지자경계): 모든 경계가

意言分別 (의언분별): 의식과 언어의 분별로 그렇게 여겨질 뿐이라는 것을 아는 것이니라.

2.

思位 (사위): 둘째는 여래처럼 〈생각할 줄 아는 단계〉이다.

思者 (사자): 여래처럼 〈생각할 줄 아는 단계〉라는 것은

觀諸境界 (관제경계): 자신의 눈앞에 펼쳐지는 모든 경계가

唯是意言 (유시의언): 오직 의식과 말로 이루어져 있을 뿐이며,

意言分別 (의언분별): 그것을 의식과 언어로 분별한 후에

隨意顯現 (수의현현): 자신의 의도함에 따라서~ 자신이 그렇게 보고 싶고, 그렇게 믿고 싶은 바에 따라 나타나는

所見境界 (소견경계): 그렇게 해서 〈색의 나〉에게 그렇게 보이는 경계일 뿐이지

자신에게 없는 것을 구하러 다니다가
자신에게는 이미 없는 것이 없었다는 것을 알게 된 것을
자기 자신이 스스로 믿을 때! --- (제 1단계 신위)가 세워진 때다!

非我本識 (비아본식): 나의 여래의 '식(識)'이 아니라고 관하면서

知此本識 (지차본식): 나의 본래 여래의 '식(識)'은

非法非義 (비법비의): 정해진 법도 아니며, 의도된 뜻도 아니요,

非所取 (비소취): 6근 경계로 취해지는 대상도 아니며

非能取 (비능취): 취하는 주체도 아님을 아는 것이니라.

3.

修位 (수위): 셋째는 〈여래의 성품을 닦아가는 단계〉이다.

修者 (수자): 여래의 성품을 닦는다는 것은

常起能起 (상기능기): 항상 수행하고자 하는 주체적인 마음을 일으키면서

起修同時 (기수동시): 마음을 일으킴과 닦음이 동시에 하되

先以智導 (선이지도): 먼저 그들의 정체를 바로 아는 지혜로써 이끌어 가면서

排諸障難 (배제장난): 업력으로 반연하는 가지가지의 장애와 마장을 배제하면서

出離蓋纏 (출리개전): 업력이 당겨오는 번뇌나 업장의 속박에서 벗어나는 것이니라.

4.

行位 (행위): 넷째는 〈여래의 성품의 행하는 단계〉이다.

行者 (행자): 〈여래의 성품의 행하는 단계〉 행한다는 것은

離諸行地 (이제행지): 수행의 단계를 떠나

心無取捨 (심무취사): 마음에 취하고 버리는 것이 없어져서

極淨根利 (극정근리): 지극히 청정하고 예리한 근기가 되어

不動心如 (부동심여): 〈부동의 마음〉으로 모든 존재의 실상에 부합되는

決定實性 (결정실성): 결정된 보배로운 성품의 발현이며

大般涅槃 (대반열반): 위대한 열반의 경지이니,

唯性空大 (유성공대): 오직 자성만이 공적하고 광대하게 펼쳐진 상태이니라.

5.

捨位 (사위): 다섯째는 〈이미 해탈하여 여래의 성품을 행하고 있다는 것을 알고 있음을 버리는 단계〉이다.

捨者 (사자): 〈이미 해탈하여 여래의 성품을 행하고 있음도 버리는 단계〉란

不住性空 (부주성공): 〈자성〉이 공적함에 머물지 않고

正智流易 (정지류역): 〈바른 지혜〉가 흘러서 변화해서

大悲如相 (대비여상): 대자대비한 여여한 상을 갖추었지만

相不住如 (상부주여): 그 여여함에도 머무르지 않고

三藐三菩提 (삼먁삼보리): 삼먁삼보리(三藐三菩提)에도

虛心不證 (허공부증): 마음이 비워져서, 그 증득함마저도 없는 단계이니

心無邊際 (심무변제): 마음은 일망무제로 끝이 없어서

不見處所 (불견처소): 그 처소를 볼 수 없으니

是至如來 (시지여래): 이때 이것을 자신의 여래에 이르렀다고 할 것이니라.

없다고 없는 것을 구하러 다닌 64년

알면 悟前 (오전) 공부 끝

알면 悟後 (오후)공부 시작

내게 필요한 것이, 내게 없는 것이 없었구나

信位 (사위) : 첫째는 〈내안의 부처가 있다는 믿음의 단계〉

思位 (사위) : 둘째는 〈여래처럼 생각할 줄 아는 단계〉

修位 (수위) : 셋째는 〈여래의 성품을 닦아가는 단계〉

行位 (행위) : 넷째는 〈여래의 성품의 행하는 단계〉

捨位 (사위) : 다섯째는 〈이미 해탈하여 여래의 성품을 행하고 있다는 것을 알고 있음을 버리는 단계〉

이 5단계는 모두 오후(悟後) 공부에 속한다. 해는 저물어 가는 데 갈 길이 멀다!

진성공품 6-5

善男子 (선남자) : 선남자여,

五位一覺 (오위일각): 이 5단계는 〈오직 공의 나! 일각〉으로서

從本利入 (종본리입): 본각의 이익에 따라서 들어가나니,

若化衆生 (약화중생): 만일 중생을 교화하고자 한다면

從其本處 (종기본처): 그 본처(本處)에 따라야 하느니라.

舍利弗言 (사리불언): 사리불이 여쭈었다.

云何從其本處 (운하종기본처): 어떠한 것을 그 본래의 자리에 따르는 것이라 합니까?

佛言 (불언): 부처님께서 말씀하셨다.

本來無本 (본래무존): 본래 〈0의 자리의 본래 자리〉란 없느니라.

處於無處 (처어무처): 중생의 언어로 어디라고 정해진 처소가 없는데에 처해 있으면서

空際入實 (공제입실): 공(空)인 $(0 + 1i)$의 일망무제한 실상에 들어가서,

發菩提心 (발보리심): 보리심을 발하여

而滿成聖道 (이만성성도): 성스러운 8정도를 원만하게 성취하는 것이니라.

何以故 (하이고): 왜냐하면

善男子 (선남자): 선남자여, 〈0의 자리의 본래 자리〉로 돌아간다고 함은

如手執彼空 (여수집피공): 마치 손으로 저 허공을 잡는 것과 같아서

不得 (부득): 얻은 것도 아니며,

非不得 (비부득): 얻지 않은 것도 아니기 때문이니라.

舍利弗言 (사리불언): 사리불이 여쭈었다.

如尊者所說 (여존자소설): 세존께서 말씀하셨듯이

在事之先 (재사지선): '일'을 다룸에 앞서서

取以本利 (취이본리): 그 (0의 나)로서 본각의 이익을 먼저 취한 다음에 하라고 하셨는데,

是念寂滅 (시념적멸): 본각의 이익을 취한다는 생각도 적멸한 것이고

寂滅是如 (적멸시여): 적멸함이 여여한 것이 되니

摠持諸德 (총지제덕): 이미 우리들 스스로가 모든 공덕을 다 지니고 있고,

該羅萬法 (해라만법): 또 모든 법을 다 갖추고 있다니

圓融不二 (원융불이): 그 (0과 1)의 원융무애 함이 둘이 아님에

不可思議 (불가사의): 참으로 불가사의 하옵니다.

當知是法 (당지시법): 이 가르침은 마땅히

摩訶般若波羅蜜 (마하반야바라밀): 마하반야바라밀! 이며

是大神呪 (시대신주): 이것이 모든 신들의 주문이며

是大明呪 (시대명주): 이것이 크게 깨침을 얻은 존재들의 주문이

며,

是無上呪 (시무상주): 이것이 위없이 밝게 깨친 자들의 주문이며

是無等等呪 (시무등등주): 이것이 비교할 대상이 없는 최고의 주문이라는 것을 마땅히 알아야 할 것이옵니다.

佛言 (불언): 부처님께서 말씀하셨다.

如是如是 (여시여시): 그러하니라, 그러하니라.

眞如 (진여): 진여라 함은

空 (공) 性 (성): 〈0과 1이 원융한 자신과 세상의 성품〉이며

性空智火 (성공지화): 시제법공상 이라는 지혜의 불로

燒滅諸結 (소멸제결): 가지가지의 번뇌를 태워 없애서

平等平等 (평등평등): 모든 것을 평등하고 평등하게 하니

等覺三地 (등각삼지): 등각(等覺)의 세 가지 경지와

妙覺三身 (묘각삼신): 묘각(妙覺)의 세 가지 몸이

於九識中 (어구식중): 9식(識) 가운데서

皎然明淨 (교백명정): 명백하여 밝고 깨끗하여

無有諸影 (무유제영): 어떤 환영 따위가 실체가 있을 수 없느니라.

善男子 (선남자): 선남자여,

是法 (시법): 이 〈0과 1이 원융한 나의 작용법〉은

非因非緣 (비인비연): '인(因)'도 아니고 '연(緣)'도 아니며,

智自用故 (지자용고): 지혜 자체의 작용(作用)이기 때문이며

非動非靜 (비동비정): 움직임도 아니고 고요함도 아니니,

用性 (용성) 空故 (공고): 그것은 쓰임새의 속성도 공하기 때문이요.

義非有無 (의비유무): 그 뜻도 있는 것도 아니고 없는 것도 아니어서,

空相空故 (공상공고): 〈공이라고 하는 그 모습〉도 '공'하기 때문이니라.

善男子 (선남자): 선남자여,

若化衆生 (약화중생): 만일 중생을 교화할 것 같으면

令彼衆生 (영피중생): 저 중생들이

觀入是義 (관입시의): 이 뜻을 '관(觀)'하여 들어가게 해야 하니

入是義者 (입시의자): 이 뜻에 들어가야

是見如來 (시견여래): 여래를 보게 되는 것이니라.

舍利弗言 (사리불언): 사리불이 여쭈었다.

如來義觀 (여래의관): 〈내 안의 여래. 0과 1의 나〉라는 뜻으로 관찰하면

不住諸流 (부주제류): 가지가지의 의식의 흐름에 머무르지 않으며,

應離四禪 (응리사선): 마땅히 정신의 몰입으로 4선(禪)을 여의고

而超有頂 (이월유정): 33천의 제일 꼭대기이자, 무색계의 4천(四天) 중 최고위인 바로 비상비비상처(非想非非想處)인 유정천(有頂天)을 뛰어넘겠습니다.

佛言 (불언): 부처님께서 말씀하셨다.

如是 (여시): 그러하니라.

何以故 (하이고): 왜냐하면

一切法 (일체법): 일체의 법은 이름과 숫자(사주와 같은 것)는

名數 (명수): 볼 수 없는 것을 보게 하고, 알 수 없는 것을 알게 하기 위한 방편일 뿐이며

四禪 (사선) : 4선정 이라는 것도

亦如是 (역여시): 그와 같으니라.

若見如來者 (약견여래자): 만일 모든 생각이 그 정체가 없는 생각임을 알아 여래를 볼 것 같으면

如來 (여래): 내 안에 잠자던 여래의 마음이

心自在 (심자재): 자재로워져서

常在滅盡處 (상재멸개처): 항상 멸진처에 있으며,

不出亦不入 (불출역불입): 내 안의 여래의 성품이 나오는 것도 아니고 들어가는 것도 아니니,

內外平等故 (내외평등고): 안팎이 모두 평등해지기 때문이니라.

善男子 (선남자): 선남자여,

如彼諸禪觀 (여피제선관): 세상에서 행해지는 4선정 등등의 저러한 가지가지의 선의 관법은

皆爲想空定 (개위상공정): 모두 '공(空)'을 생각으로 다루는 '정(定)' 이기에

是如 (시여) 非復彼 (비복피): 지금의 이 '여여함'은 그런 것들과 다른 것이니라.

何以故 (하이고): 왜냐하면 세상이 이러 저러한 선관은
以如觀如實 (이여관여실): 이러한 '여(如)'로 〈그 여실함〉을 관하여
不見觀如相 (불견관여상): 그러한 〈여여한 상〉을 보는 것이 아니고
諸相 (제상) 已寂滅 (기적멸): 모든 모습이 이미 사라져 없어져 버리고 난 후의
寂滅卽如義 (적멸즉여의): 그 '적멸'을 '여여'의 뜻으로 관하는 것이라고 하기 때문이니라.
如彼想禪定 (여피상선정): 그와 같이 생각으로 만들어진 선정(禪定)은
是動非是禪 (시동비시선): 움직임이지 선(禪)이 아니니라.
何以故 (하이고): 왜 그런지 알겠느냐?

禪性 (선성): 선의 자성은
離諸動 (이제동): 모든 움직임을 떠나서
非染非所染 (비염비소염): 생각으로 물들이는 것도 아니고 물들여진 바도 아니므로
非法非影 (비법비영): 법도 아니며 환영도 아니며
離諸分別 (이제분별): 모든 분별을 떠나서
本利義故 (본리의고): 본각의 이익이란 뜻이기 때문이니라.

善男子 (선남자): 선남자여,

如是觀定 (여시관정): 이와 같이 관찰하는 '정(定)'이라야

乃名爲禪 (내명위선): '선(禪)'이라 이름 하느니라.

舍利弗言 (사리불언): 사리불이 여쭈었다.

不可思議 (불가사의): 불가사의합니다.

如來 (여래) 常以如實 (상이여실): 여래께서는 항상 〈있는 그대로의 실상〉으로

而化衆生 (이화중생): 중생을 교화하시되

如是實義 (여시실의): 이러한 실상의 뜻에는

多文廣義 (다문광의): 글이 많고 뜻이 풍부하여

利根衆生 (이근중생): 근기가 영리한 중생은

乃可修之 (내가수지): 수행해 닦을 수 있으려니와.

鈍根衆生 (둔근중생): 〈자기 여래〉와 〈육신의 자기〉를 모르는 근기가 아둔한 중생은

難以措意 (난이조의): 뜻을 알기가 어려우리니,

云何方便 (운하방편): 어떠한 방편으로

令彼鈍根 (영피둔근): 저 아둔한 중생들이

得入是諦 (득입시체): 이 진리에 들어오도록 하겠습니까?

佛言 (불언): 부처님께서 말씀하셨다.

令彼鈍根 (영피둔근): 저 아둔한 근기의 중생들이라도

受持一四句揭 (수지일사구게): 하나의 「사구게(四句偈)」를 받아 지니게 하면

即入實諦 (즉입실체): 참된 진리의 법계에 들어가리라.

一切佛法 (일체불법): 일체의 불법이

攝在一四句揭中 (섭재일사구게중): 하나의 게송 가운데 함유되어 있기 때문이니라.

舍利弗言 (사리불언): 사리불이 여쭈었다.

云何一四句揭 (운하일사구게): 어떠한 것이 네 구절로 된 게송입니까?

願爲說之 (원위설지): 원하옵건대 말씀하여 주십시오.

於時 (어시): 이에

尊者 (존자): 세존께서

而說揭言 (이설게언): 게송으로 말씀하셨다

    『금강삼매경』 사구게

      인연소생의 因緣所生義

      시의멸비생 是義滅非生

      멸제생멸의 滅諸生滅義

      시의생비멸 是義生非滅

인연에 의해서 생(生)했다! 라고 말은 하지만
'내 안의 여래'의 작용이 소멸했다! 라는 것이지
그 뜻은 그 인연이 생한 것이 아니며,

모든 생멸(生滅)을 다 멸했다! 라는 뜻은,
〈'내 안의 여래'의 작용〉이 생기했다! 이지
본래 없던 생멸(生滅)이 멸한 것이 아니니라.

爾時 (이시) : 그 때에
大衆 (대중) : 대중들은
聞說是揭 (문설시게) : 이 게송을 설하시는 것을 듣고
僉大歡喜 (첨대환희) : 매우 기뻐하였으며,
皆得滅生 (개득멸생) : 모든 '생'과 '멸'에 대해 증득하고
滅生般若 (멸생반야) : '생'과 '멸'에 대한 반야를 얻고
性空智海 (성공지해) : '공성'의 반야지의 바다를 얻었다.

7. 장자들은 무엇으로 재물과 지혜를 같이 얻었을까? - 여래장품

영화 매트릭스의 라스트 씬-여래장 (Tatha gata matrix)

세계와 법계는 다르다. 2023년 지금 지구세계는 10진법(進法)의 세상에 살고 있다. 전 지구인이 그렇다는 것은 아니다. 한국인의 대부분이 본격적으로 10진법(進法)의 세상에 살게 된 것은 1960년대 후반부터일 것이다. 지금도 일부 남아있지만 분명히 조선시대까지는 12진법(進法)으로 살았다. 고구려, 신라, 백제

시대에는 어땠을까? 아직 밝혀진 바가 없다. 앞서 석굴암의 수학을 이야기했지만, 10진법의 수학자, 건축학자, 천문학자들이 아직 첨성대와 석굴암의 수학을 모른다. 아마 신라인들은 52진법이나 28진법을 사용했을지도 모른다.

그렇게 진법이 다르면 시간도 달라지고 거리도 달라진다. 예를 들어 한국은 길이를 측정할 때 미터법을 사용하고 있다. 반면 미국은 피트와 인치를 사용한다. 영국은 야드를 사용한다. 물론 한국도 1970년도 이전에는 1척, 1자 등의 길이를 썼다. 그래서 고려시대 지붕의 처마길이 각도 등을 10진법 미학자, 건축가, 수학자 등이 여전히 고민 중이다. 쯧쯧.『금강삼매경』의 1념 통지의 방법을 사용하지 않다니. 한국인들이 원효, 의상은 잊어먹고 조주와 혜능 타령만 하니 무슨 지혜가 열릴 것인가?

인간의 욕심은 끝이 없어서 불과 수백 년 전의 자기 조상들 건축기법의 내막도 모르면서 수억만 년 누적된 법계의 O/S를 알고 싶어 안달이다. 그래도 인간으로 태어난 복들이 있어서, 전생부처님의 제자였던 석공 아라한들이 ($ei\pi+1=0$)라는 오일러 아라한의 식을 보고 〈이 세상에서 가장 아름다운 식〉이라고 말을 하기는 한다.

그런데 왜 아름다운지 그들이 알기나 알까?

세계가 아닌 법계는, 굳이 이 지구 세계 사람들이 알고 싶으면,

법계의 O/S는 무실(無實)무허(無虛)의 수(數) 즉 복소수(複素數)

형태로 이루어졌다는 것을 알았건 몰랐건 오일러 아라한의 식

이 그것을 담고 있기 때문이다 (a + bi).

여래장품 7-1

爾時 (이시) 梵行長者 (범행장자): 그 때 범행 장자(梵行長子)가

從本際起 (종본제기): 본각의 〈본래 그 자리〉에서 일어나

而白佛言 (이백불언): 부처님께 아뢰었다.

尊者 (세존): 세존이시여,

生義 (생의) 不滅 (불멸): '생'의 뜻은 〈멸하지 않음〉이며

滅義 (멸의) 不生 (불생): '멸'의 뜻은 〈생하지 않음〉이라 하시니

如是如意 (여시여의): 이러한 '여여'의 뜻이

卽佛菩提 (즉불보리): 바로 부처님의 보리-부처님의 깨달음입니다.

菩提之性 (보리지성): 〈보리 즉 깨달아 있는, 깨어 있음〉의 본래 성품은

卽無分別 (즉무분별): 분별함이 없는 것이며,

無分別智 (무분별지): 분별함이 없이, 그냥 알아지는 지혜이며

分別無窮 (분별무궁): 무궁무진함까지 다 분별하는 것이니

無窮之相 (무궁지상): 그 지혜의 무궁무진함은

唯分別滅 (유분별멸): 모든 분별이 사라지고 난 연후에만 나타나는 것이기에

如是義相 (여시의상): 이러한 〈보리 즉 깨달아 있는, 깨어 있음〉의 상은

不可思議 (불가사의): 불가사의하고

不思議中 (부사의중): 불가사의한 가운데

乃無分別 (급무분별): 어느 한 생각도 분별함이 없음! 이라할 것입니다.

尊者 (존자): 세존이시여,

一切法數 (일체법수): 일체 〈존재하는 모든 것〉의 자신들의 할 바인, 각각의 다르마는

無量無邊 (무량무변): 헤아릴 수 없고 끝도 없겠으나

無邊法相 (무변법상): '무변법상'의 〈모든 존재하는 실체〉는

一實義性 (일실의성): 하나의 진실한 뜻. 즉 삶의 목적이온데,

唯住一性 (유주일성): 오직 〈모든 존재하는 것〉의 그 〈존재의 이유〉라는 것은

其事云何 (기사운하): 무엇을 말하는 것입니까?

1	시	0	시	1				
석	3	극	0	진	$i°$			
천	1	1	지	1	2	인	1	3
1	적	10	거	0	궤	화	3	
천	2	3	지	2	3	인	2	3
대	3	합	6	생	7	8	9	운
3	4	성	○	5	7	1	묘	연
∞	왕	∞	래					
용	변	부	동	$i°$				
$i°$	심	$i°$	태	양				
양	명	인	중					
천	지	1						
1	종	0	종	1				

세계도 알고, 법계도 알아서, 재물도, 명성도, 깨달음의 지혜도 모두 얻은 범행 장자가 말하기를 일체법의 수(一切法의 數)가 무량무변하게 많은데 하나의 일관 된 법계의 뜻은 무엇이옵니까? 라고 무식한 중생들은 질문조차 할 수 없는데 이렇게 고맙게 질문을 해준다.

두 번째 줄의 '석삼극'은 아라한들이 이렇게 표기한다. ($\lim_{1 \to \infty} 1$) 양 돌리를 쪼개보듯이 (10)을 무한히 쪼개보겠다는 것이다.

네 번째 줄의 (1적 10거)의 (거)는 석공 아라한들이 이렇게 표기한다. ($\sum_1^{10}$)처음 나온 기호 ($\sum$)는 〈쌓는다〉가 아니라 〈더하기〉의 표현이다

6번째 줄의 운(運)은 〈이동해가며 점점 쌓여간다〉라는 의미이다. 석공 아라한들은 이렇게 보이지 않는 것을 이 표기로 ($\int_0^\infty 1$) 보이게 했다.

7번째 줄의 (3.4 성환 5.7.1 묘연)의 환은 동그라미 원(圓)이다. 원은 파이(π)가 반드시 필요하다.
적어도 10진법의 상에 묶여있는 지구인들은 그렇다.

그러면 연(衍)이 무엇인가? 연(衍)은 끝없이 오고가는 파장을 말한다. 아라한들은 이것으로 〈자연 상수 e〉를 찾은 것이다.

이래서 오일러 아라한의 식은 〈이 세상에서 가장 아름다운 식〉이라고 필자는 생각한다.
이제 당신도 어마무시한 억만 장자가 될 법계 수표를 갖고 있는 셈이다.

네 번째 줄의 〈0 궤 화 3〉은 '무궤화삼'이다. (1)을 쌓고 쌓아 담으려고 해도 담을 궤가 없어서 〈변화의 3〉을 만들었다는 것이

다.『천부경』에서 가장 중요한 개념이다. 이 말의 답은 범행 장자의 질문에 부처님이 해주신다. 조금 있다가.

여래장품 7-2

佛言 (불언): 부처님께서 말씀하셨다.

長者 (장자): 장자여,

不可思議 (불가사의): 삶의 목적을 말로 표현한다는 것은 참으로 불가사의한 것이니라.

我說諸法 (아설제법): 내가 설한 모든 가르침은

爲迷者故 (위미자고): 어리석은 자를 위한 가르침이기 때문이며

方便導故 (방편도고): 방편으로 인도하기 위해서이므로

一切法相 (일체법상): 일체 가르침의 모습은

一實義智 (일실의지): 〈오직 하나 상태의 분리가 가져온 불행을 실천적으로 극복하게 하려는 뜻〉의 지혜를 가르치기 위해서이니라

何以故 (하이고): 왜냐하면

譬如一市 (비여일시): 마치 한 도시에

開四大門 (개사대문): 네 개의 대문을 열어 둔 것과 같으니라.

是四門中 (시사문중): 이 네 개의 대문을 통해

皆歸一市 (개귀일시): 모두 하나의 도시 안으로 들어가듯이

如彼衆庶 (여피중서): 저 중생들도

隨意所入 (수의소입): 각각등보체 자신의 타고난 환경대로 들어가더라도

種種法味 (종종법미): 갖가지 가르침의 맛으로 들어가게 둠과

亦復如是 (역부여시): 같으니라.

梵行長者言 (범행장자언): 범행 장자가 여쭈었다.

法若如是 (법약여시): 가르침이 설사 그러하다면,

我住一味 (아주일미): 제가 (0)의 한 가지 맛에 머무르고 있더라도

應攝一切諸味 (응섭일체제미): 마땅히 일체의 모든 맛을 포섭하겠습니다.

佛言 (불언): 부처님께서 말씀하셨다.

如是如是 (여시여시): 그러하니라, 그러하니라.

何以故 (하이고): 왜냐하면

一味實義 (일미실의): (0)의 한 가지 맛의 진실한 뜻은

如一大海 (여일대해): 하나의 큰 바다와 같아서

一切衆流 (일체중생): 일체의 흐름이

無有不入 (무유불입): 〈그 하나의 일미실체〉로 들어가지 않음이 없느니라.

長者 (장자): 장자여,

一切法味 (일체법미): 일체 법의 맛은

猶彼衆流 (유피중류): 오히려 저 모든 흘러들어오는 흐름들과 같아서

名數雖殊 (명수수수): 이름과 숫자에 담긴 존재의 이유인, 각각 해야 할 바는 비록 다르게 받아왔지만

其水不異 (기수불이): 그 바다로 모이는 강물, 호수물, 개울물, 빗물이 각각 그 형태는 다르지만 '물'자체는 다르지 않는 것과 같으니라.

若住大海 (약주대해): 만일 큰 바다에 들어가면

卽括衆流 (즉괄중류): 여러 흐름을 통해서 들어온 물들을 통괄하듯이

住於一味 (주어일미): 해탈의 한 맛에 머무르게 되나니,

卽攝諸味 (즉섭제미): 곧 모든 맛을 다 끌어안기 때문이니라.

梵行長者言 (범행장자언): 범행 장자가 여쭈었다.

諸法一味 (제법일미): 모든 가르침이 (0)의 한 가지 맛인 한 맛이라면

云何三乘道 (운하삼승도): 어찌하여 3승의 길과

其智有異 (기지유이): 그 지혜에 차이가 있다고 하신 것입니까?

佛言 (불언): 부처님께서 말씀하셨다.

長者 (장자): 장자여,

譬如江河淮海 (비여강하회해): 비유하자면 강(江)과 하(河)와 천(川)과 바다 해(海)는

大小異故 (대소이고): 크고 작음이 다르고

深淺殊故 (심천수고): 깊고 얕음의 차이가 있고

名文別故 (명문별고): 이름과 글자의 다른 고로

水在江中 (수재강중): 물이 강 가운데 있으면

名爲江水 (명위강수): '강물'이라 부르고,

水在河中 (수재하중): 하수 가운데 있으면

名爲河水 (명위하수): '하수'라 부르고,

水在淮中 (수재회중): 회수에 속해 있으면

名爲淮水 (명위회수): '회수'라 부르지만

俱在海中 (구재해중): 물이 함께 바다 가운데 있으면

唯名海水 (유명해수): 오직 그 이름이 그냥 바닷물인 것처럼

法亦如是 (법역여시): '법' 또한 이와 같아서

俱在眞如 (구재진여): '진여' 속에 함께 있으면

唯名佛道 (유명불도): 단지 그 이름을 부처의 길이라고 부를 뿐이니라.

長者 (장자): 장자여,

住一佛道 (주일불도): 부처의 길(佛道)에 머무르면

卽達三行 (즉달삼행): 세 가지 행(三行)에 통달하느니라.

梵行長者言 (범행장자언): 범행 장자가 여쭈었다.

云何三行 (운하삼행): 어떠한 것을 세 가지 행(三行)이라 합니까?

1 적 10 거 0 궤 화 3

? ○ ○

10 이 될 수 있어?
누가 맞지?

9 세 10 세 호 상 즉
잉 불 잡 란 격 별 성

(3)은 이 지구상에서 가장 정확한 수다. 아르키메데스는 원의 면적을 구할 수 없을 때 원을 100개 가까운 삼각형으로 쪼갠 다음 그 삼각형의 면적의 합으로 원의 면적을 찾아내었다. 우리는 3차원의 세계에 산다. 그래서 뭐든지 삼 세 번이며. 삼각형의 넓이 구하는 것은 초등학교 때부터 배운다. 그런데 원(圓)은 몇 각형일까? 당연히 1각형이다! 각이 단 하나니까! 그럼 2각형도 있나? 있다! 파동을 보라 파동의 각은 단 2개, 2각형이다.

1각형, 2각형은 처음 듣는 사람이 많아도, 3각형은 익숙하다. 그래서 부처님은 일단 (3)에 통달하는 법을 가르쳐 주신다고 하는 것이다. 부처님의 답을 우리는 미리 안다. 부처님은 평생 삼세(三世)의 인과(因果)를 말씀하셨다. 삼세는 과거세, 현재세, 미래세를 말한다. 각 세는 또 과거, 현재, 미래가 있으니 9번의 세상이 된다. 10세는 무엇이 어떻게 되기에 〈구세십세호상즉〉이라는 것일까? 바로 살바야해의 지혜 (i^0) 하나만 더 있으면 된다. 그래서 화엄경의 인과는 죄는 자성이 없기에 원만(圓滿) 인과(因果)가 되어 마음이 (i^0)가 되면 죄도 없어지는 것이라고 말한다.

영화『메트릭스』에서 메트릭스라는 것은 모든 존재들에게 속박을 채우는 (알고리즘)을 말한다. 범행 장자들은 어떻게 재물과 금전을 다 얻고 명예도 지킬 수 있었는가? 그들의 매트릭스는 다른 존재들의 매트릭스와 다르다. 그들은 〈(i^n) 정체와 (0)과 (1)이 원융한 법계〉의 진실상을 아는 사람들이다. 그래

서 그들의 매트릭스는 〈여래 메트릭스 : 타타가타 매트릭스〉
이다. 여래 메트릭스는 위에서 부처께서 말한 4가지 '연'을 스
스로 만들어 12연기를 만들어낼 수 있는 사람들이었다. 이름
하여 하늘의 계산법 '범행'대로 (1)의 세계에 사는 분들이다.

여래 매트릭스로 사는 이들에게는 1. 일어나는 일도, 2. 그 일
을 해석하는 인식도, 3. 그 일을 대하는 것도 (i^n) 정체에 맞게
혹은 〈(0)과 (1)이 원융한 법계〉의 진실상에 맞게 처신하여 그
렇게 장자가 되었던 것이다.

여래장품 7-3

佛言 : 부처님께서 말씀하셨다.

1. 隨事取行 (수사취행): 첫째는 눈앞에 나타난 '현상'에 따라 취하
는 행이며,

2. 隨識取行 (수식취행): 둘째는 자신이 해석하는 '인식'에 따라 취
하는 행이며,

3. 隨如取行 (수여취행): 셋째는 자신이 대응하는 〈상황을 어떻게〉
취하는가의 행이니라.

長者 (장자) 장자여,

如是三行 (여시삼행): 이와 같은 세 가지 '행'은

攝攝衆門 (총섭중생): 많은 방법들을 모두 다 통섭(通攝)하고 있으니,

一切法門 (일체법문): 일체 법계의 살림살이에 대한 가르침은

無不此入 (무불차입): 나의 이 일체법에 포함되지 않는 것이 없느니라.

入是行者 (입시행자): 이 '행'에 들어오는 자는.

不生空相 (불생공상): 일체가 '공(空)'임에도 불구하고 '공(空)'이라는 공상(空相)을 일으키지 않으니

如是入者 (여시입자): 이렇게 이 '법'에 들어오는 사람이라면

可謂入如來藏 (가위입여래장): 여래장 메트릭스에 들어왔다고 말할 수 있느니라.

入如來藏者 (입여래장자): 왜냐하면 여래장 메트릭스에, 〈자기 주인공의 자리〉에 들어간다는 것은

入不入故 (입불입고): 들어가되 들어간 것이 아니기 때문이니라.

梵行長者言 (범행장자언): 범행 장자가 여쭈었다.

不可思議 (불가사의): 불가사의합니다.

入如來藏 (입여래장): 〈주인공의 자리〉, 〈법보장의 자리〉 여래장에 들어간다는 것은

如苗成實 (여묘성실): 마치 싹이 열매를 맺은 것과 같아서

無有入處 (무유입처): 들어가는 곳도 없고

本根利力 (본근리력): 줄기와 뿌리의 이로운 힘으로

利成得本 (이성득본): 이득이 생기어 그 근본을 이루는 것이니

得本實際 (득본실제): 근본 실제(實際)를 얻으면

其智幾何 (기지기하): 그 지혜는 얼마나 됩니까?

佛言 (불언): 부처님께서 말씀하셨다.

其智無窮 (기지무궁): 그 지혜는 끝이 없으나,

略而言之 (약이언지): 요약해서 말하자면

其智有四 (기지유사): 그 지혜에는 네 가지가 있느니라.

何者爲四 (하자위사): 무엇이 네 가지인가?

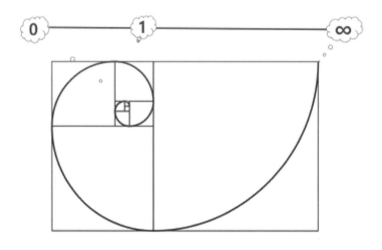

이 지구상에는 황금비율 (1: 1,618...) 의 완벽한 비율로 모든 것이 이루어져 있다.

부처님이 처음 깨달으신 상태를 정각(正覺)이라고 한다. 그 때 부처님 눈앞에 펼쳐진 세상은 누가 만들은 것을 보셨다는 것인가? 모든 개개인의 사람과 동물, 곤충 등 만물 앞에 펼쳐지는 세상은 각자의 〈각의 자리〉에서 만들어 보여준다는 것이다. 〈각지소현〉이라고 한다.

그렇게 해서 자신의 눈앞에 나타난 〈현상과 일〉 즉 수사취행(隨事取行)을 수여취행(隨如取行)하지 못하고, 자기 수준에서 수식취행(隨識取行)한다는 것이다.

우리는 어떻게 해야 하는가? 자신의 각의 바다에서, 자신이 정산해야 할 것이 물그림자처럼 나타난 것을 알아야 한다는 것이다. 그것이 〈해인삼매〉다. 그렇게 존재의 실상을 알았으니 마음 속 무명에서 일어나는 욕망의 가시의 정체를 알고 속지 않으면, 궁극의 지혜를 얻어 일각통지력을 갖게 된다는 말이다. 삶의 방향성 즉 서원을 갖고, 오직 (1)에서 (0)으로 가면, 저절로 (1)에서 〈필요한 만큼의 (∞)〉까지 황금비율로 이루어지는 것이다. 이것이 〈화엄삼매〉다. 우리가 할 일은 (1)에서 (0)으로 가는 것이다. 나머지 일은 황금비율로 법계가 알아서 인연을 만들어낸다.

여래장품 7-4

1.

定智 (정지): 첫째는 '해인의 지혜'이니라.

隨如 (수여): 〈있는 그대로〉 영원한 현재에서 과거 현재 미래의 3세의 모든 일들을 관찰할 수 있다는 뜻이며,

2.

不定智 (부정지): 둘째는 〈물그림자임을 알면서도 행함〉이니라.

方便破病 (방편파병): 방편으로 모든 중생들의 병(病)을 꺾어 부수어 주는 것으로, 어떤 소망이 있건, 어떤 원력이 있건, 어떤 바람이 있건 그것이 이루어질 수 있는 자리이며,

3.

涅槃智 (열반지): 셋째는 〈모든 욕망의 불을 끌 수 있는 지혜〉이니라.

除電覺際 (제전각제): 욕망의 가시를 제거해줌으로 선과 악, 필요 불필요, 급함과 느긋함 등의 분별을 넘어선 자리이며

4.

究竟智 (구경지): 넷째는 〈궁극적 지혜의 경지에 도달하는 지혜〉이니라.

入實具足佛道 (입실구족불도): 실상에 들어가 중생들과 부처가 모두 바라는 모든 큰 서원이 다 갖추어지는 자리이니라.

長者 (장자): 장자여,

如是 (여시) : 이와 같이

四大事用 (사대사용): 네 가지 중요한 작용은

過去諸佛所說 (과거제불소설): 과거의 모든 부처님께서 말씀하신 것으로

是大橋梁 (시대교량): 이것은 큰 다리이자

是大津濟 (시대진제): 커다란 나루터이므로

若化衆生 (약화중생): 만일 중생을 교화하려면

應用是智 (응용시지): 마땅히 그 4가지 지혜를 사용해야 하느니라.

長者 (장자): 장자여,

用是大用 (용시대용): 장자여, 이 (智)의 지혜를 사용함에 있어서는

復有三大事 (복유삼대사): 다시 세 가지 중대한 〈지켜야 할 바〉가 있느니라.

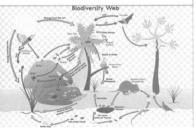

자신의 여래장에 들어가려면, 그리고 여래장의 힘을 사용하려면, 자신이 생태계의 일원이기에 생태계를 위해서 살아야 하는 것과 같다. 물론 새로운 생태계를 조성하는 것도 중요한 일이다. 이제는 사람들이 농약을 많이 치니, 생산성이 높아지는 줄 알았지만, 쥐와 곤충 특히 벌 등이 생태계에서 사라지며 더 큰 고통을 맛보는 것을 깨닫게 되었다. 나와 남이 하나는 아니지만 절대 둘이 아니라는 사실을 많이 깨달아가고 있다.

위 동상의 주인공은 〈사토시 나카모토〉라는 보살이다. 그는 블록체인이라는 기존 기술로 〈암호화폐 효시인 비트코인〉을 만든 사람이다. 그는 은행의 횡포, 은행이 지구 생태계의 사람들에게 은행 기준의 신용점수를 메기며, 그것으로 사람들을 믿을 수 있는 사람과, 믿을 수 없는 사람으로 분류하던 과거 500여 년간의 생태계를 바꾸어 놓았다. 세계 인구의 50%이상이 은행을 사용하지 못한다. 은행이 그들에게 크레딧을 주지 않기 때문이다. 사토시 나카모도 아라한은 '믿음'의 척도를 〈은행의 신용(Credit)〉 생태계에서 〈사람들끼리의 신뢰(trust)〉 생태계를 바꾸어놓고 홀연히 사라졌다. 그는 지혜(慧)도 있고, 욕망의 열반(定)도 있고, 무엇보다도 사람에 대한 사랑과 자비(悲)를 갖춘 사람이었던 것 같다.

무엇보다도, 먼저 일, 즉 현대 사회현상과, 금융에 대한 사람들의 인식과 신용보다는 신뢰라는 진여를 또한 잘 읽었던 것 같다. 그러나 어두운 돈을 가진 사람들이 만든 커다란 마장에 타격을 받기는 했지만 최근 들어 이 정도 강력한 세계적인 생태계를 만들어 낸 것으로 보아 그가 여래장의 힘을 사용한 최근세의 인물이라는 점은 부인할 수 없을 것 같다.

여래장품 7-5

1.
於三三昧 (어삼삼매): 첫째는 세 가지 삼매를 행함에,
內外不相奪 (내외불상탈): 내부의 청정한 마음과 밖의 경계가 서로를 침범하지 않아야 하느니라.

2.

於大義科 (어대의과): 큰 틀에서의 분별로

隨道擇滅 (수도택멸): 내 안의 여래의 의식발현과 중생의 업식발현을 잘 구별하여야 하느니라.

3.

於如慧定(어여혜정): 혜와 정

以悲俱利(이비구리): '혜'와 '정'은 자연스레 〈오직 사랑함〉만이 갖추어져야 하느니라.

如是三事 (여시삼사): 이와 같은 그 세 가지가 겸비되어야

成就菩提 (성취보리): 보리를 성취시키느니라.

不行是事(불행시사): 이 일을 실행하지 않으면

卽不能流入 (즉불능류입): 능히 저 앞서 네 가지 지혜의 바다에

彼四智海 (피사지혜): 흘러 들어갈 수 없으며,

爲諸大魔 (위자대마): 가지가지의 커다란 마장이

所得其便 (소득기편): 그 유리한 기회를 갖게 되는 것이니라.

長者 (장자): 장자여,

汝等大衆 (여등대중): 너희들 대중은

乃至成佛 (내지성불): 성불(成佛)할 때까지

常當修習 (상당수습): 3가지 수행을 항상 닦고 익히되

勿令暫失 (물령잠실): 잠시도 놓침이 있어서는 안 되느니라.

梵行長者言 (범행장자언): 범행 장자가 여쭈었다.
云何三三昧 (운하삼삼매): 어떠한 것을 세 가지의 삼매(三昧)라 합니까?

佛言 (불언): 부처님께서 말씀하셨다.
三三昧者 (삼삼매자): 세 가지 삼매란
所謂 (소위): 이른바
空三昧 (공삼매): 존재하는 모든 것이 허공처럼 텅 비어있다는 〈0과 1이 원융〉한 공삼매(空三昧)와
無相三昧 (무상삼매): 나타나는 경계에 끌려 다니지 않는 '상'에 '상' 아님을 아는 삼매(無相三昧)
無作三昧 (무작삼매): 소망과 바람과 의도함이 없는, 구하고 바람이 없는 삼매(無作三昧)이어야 하니
如是三昧 (여시삼매): 그와 같은 삼매이니라.

梵行長者言 (범행장자언): 범행 장자가 여쭈었다.
云何於大義科 (운하어대의과): 대(大) 의(義) 과(科)는 또 무엇을 말하심입니까?

佛言 (불언): 부처님께서 말씀하셨다.

大 (대) 謂四大 (위사대): '대'는 나의 지수화풍 4대(大)를 말하며,

義 (의) 謂陰界入等 (위음계입등): '의'는 인식대상 5음(陰) 18계(界) 등 그렇게 반연되어 나타난 현실 세계에 나타난 이유를 말하며

科 (과) 謂本識 (위본식): '과'는 그로 인하여 발생되는 근본 식〈本識〉을 말함이니,

是爲於大義科 (시위어대의과): 이것을 대, 의, 과라 하느니라.

梵行長者言 (범행장자언): 범행 장자가 여쭈었다.

不可思議 (불가사의): 불가사의합니다.

如是智事 (여시지사): 이와 같은 지혜의 공용(功用)은

自利利人 (자리이인): 스스로도 이롭고 남도 이롭게 하여

過三戒地 (과삼계지): 삼계의 경지를 넘어가며,

不住涅槃 (부주열반): 열반에 머물지 않고,

入菩薩道 (입보리도): 보살도로 들어갑니다.

如是法相 (여시법상): 이와 같은 가르침의 모습은

是生滅法 (시생멸법): 생멸법이어서,

以分別故 (이분별고): 분별이 따르기는 하지만

若離分別 (약리분별): 만일 분별하고 있는 자신을 보고, 그 분별을 떠나게 되면

法應不滅 (법응불멸): 이 가르침의 법은 마땅히 소멸되지 않을 것입

니다.

爾時 (이시): 그 때
如來 (여래): 여래께서는
欲宣此義 (욕선차의): 이 뜻을 펴시고자
而說偈言 (이설게언): 게송으로 말씀하셨다.

法從分別生 (법종분별성): 법은 분별을 따라 생기어
還從分別滅 (환종분별멸): 다시 분별을 따라 도리어 없어지나니
滅諸分別法 (멸제분별법): 가지가지 분별하는 법을 없애 버리면
是法 非生滅 (시법 비생멸): 이 법은 나고 없어지는 생멸법이 아니라
네.

爾時梵行長者 (이시 범행장자): 그 때 범행 장자는
聞說是偈 (문설시게): 이 게송 설하시는 것을 듣고
心大欣懌 (심대흔역): 마음으로 크게 기뻐하며
欲宣其義 (욕선기의): 그 뜻을 펴고자
而說偈言 (이설게언): 게송으로 말하였다.

諸法本寂滅 (제법본적멸): 모든 법은 본래 적멸하고
寂滅亦無生 (적멸역무생): 적멸이기에 또한 생김 자체가 없나이다.

是諸生滅法 (시제생멸법): 이 모든 나고 없어지는 생멸법!

是法非無生 (시법비무생): 그 법은 생함 없는 무생(無生)법이 아닙니다.

彼卽不共此 (피즉불공차): 불생불멸의 저 법은, 생멸의 이 법과 함께하지 않으니

爲有斷常故 (위유단상고): 단멸(斷)과 상존(常)을 지니고 있기 때문이며

此卽離於二 (차즉리어이): 이것은 단멸, 상존 두 가지를 떠나서

亦不在一住 (역부재일주): 또 어느 하나의 머무름에도 있지를 않기 때문입니다.

若說法有一 (약설법유일): 만일 법에 〈하나의 상〉이라도 있다고 한다면

是相如毛輪 (시상여모론): 그 생각의 '상'은, 눈병 걸린 사람의 비문증처럼

如餤水迷倒 (여역수미도): 마치 아지랑이를 물로 착각해 열심히 따라가 본들

爲諸虛妄故 (위제허망고): 결국 허망함으로 끝에 가서는 아무것도 없습니다.

若見於法無 (약견어법무): 만일 법에 아무것도 없다고 한다면

是法同於空 (시법동어공): 이 법은 마치 허공이 있는데

如盲無目倒 (여맹무목도): 마치 해가 보이지도 않는데 어디 있느냐고 맹인들이 말하듯이

說法如龜毛 (설법여귀모): 〈불생불멸의 이 법은〉, 없는데 있다고 말하는 〈거북의 털〉과 같을 것입니다.

我今聞佛說 (아금문불설): 제가 이제 부처님 말씀을 듣고

知法非二見 (지법비이견): 법에는 두 가지 견해가 없음을 알았으며

亦不依中住 (역부의중주): 또한 중간에 의지해 머물지도 않기에

故從無住取 (고종무주취): 머무름이 없음에 따라 뜻을 취할 뿐입니다.

如來所說法 (여래소설법): 여래께서 말씀하신 법은

悉從於無住 (실종어무주): 모두가 〈머무름이 없는 곳〉에서 온 것이니

我從無住處 (아종무주허): 저희들도 〈머무름이 없는 곳〉으로부터

是處禮如來 (시처예여래): 이곳에서 여래를 예배합니다.

敬禮如來相 (경례여래상): 여래의 모습에 경건히 예배하는 것은

等空不動智 (등공부동지): 여래의 지혜가 허공 같은 '부동지'이며

不著無處所 (불착무처소): 처소가 없음에도 집착하지 않는

敬禮無住身 (경례무주신): 여래의 머무름 없는 몸에 경례합니다.

我於一切處 (아어일체처): 이제 저는 어디서나

常見諸如來 (상견제여래): 항상 모든 여래를 뵈옵나니

唯願諸如來 (유원제여래): 오직 원하옵건대 모든 여래께서는

阿我說常法 (아아설상법): 저를 위해 영원한 법을 말씀하소서.

爾時如來 (이시여래): 그 때 부처님께서

而作是言 (이작시언): 이렇게 말씀하셨다.

諸善男子 (제선남자): 모든 선남자들이여,

汝等諦聽 (여등제청): 너희들은 자세히 들어라.

爲汝衆等 (위여중등): 너희들을 위하여

說於常法 (설어상법): 영원한 법〈常法〉을 말하리라.

善男子 (선남자): 선남자여,

常法非常法 (상법비상법): 영원한 법이란 영원한 법이 아니니라.

非說亦非字 (비설적비자): 말도 아니고 글자도 아니며,

非諦非解脫 (비체비해탈): 진리〈諦〉도 아니고 해탈도 아니며,

非無非境界 (비무비경계): 없는 것도 아니고 경계도 아니니라.

離諸妄斷際 (이제망단제): (0)과 (1)은 전혀 무관한 단멸의 경계를 떠난 것이며

是法非無常 (시법비무상): 〈이 불생불멸의 법〉은 무상한 것이 아니라

離諸相斷見 (이제상단견): 일체의 '상(相)'과 그 '상'이 없는 것이라

는 생각(i)만을 떠난 것이니라.

了見識爲常 (요견식위상): 깨달아 알고 보게 되면 모든 '식(識)'은 항상 변함이 없어

是識常寂滅 (시식상적멸): 이러한 인식도 항상 적멸하며,

寂滅亦寂滅 (적멸역적멸): 적멸하다는 것 또한 적멸하느니라.

善男子 (선남자): 선남자여,

知法寂滅者 (지법적멸자): 법이 적멸함을 아는 자는

不寂滅心 (부적멸심): 마음을 적멸하게 하려고 하지 아니하니

心常寂滅 (심상적멸): 이미 마음은 본래 항상 적멸하기 때문이니라.

得寂滅者 (득적멸자): 적멸을 얻는 자는

心常眞觀 (심상진관): 마음이 항상 참되게 그 마음을 관찰할 수 있느니

知諸名色 (지제명색): 모든 명과 색(名色)이

唯是痴心 (유시치심): 오직 이 어리석은 마음일 뿐임을 알아서

痴心分別 (치심분별): 어리석은 마음의 분별로

分別諸法 (분별제법): 모든 법을 분별하기에

出於名色 (출어명색): 중생들이 붙여놓은 가지가지 이름과 중생들이 그렇다고 믿고 받아들이는 각가지 형상에서 벗어나는 일 말고는

更無異事 (갱무이사): 어떤 다른 요란스럽게 수행할 일이 없는 법이니라.

知法如是 (지법여시): 법이 이와 같음을 알고 나면

不隨文語 (불수문어): 문자와 말에 따라가지 않으며,

心心於義 (심심어의): 착각된 나로서의 아는 마음과, 그것에 근거해 대상을 인식하는 마음의 뜻이

不分別我 (불분별아): '나'를 분별하지 않고

知我假名 (지아가명): '나'라는 것이 임시로 붙여진 거짓이름임을 알게 될 것이니라.

卽得寂滅 (즉득적멸): 바로 적멸을 얻을 것이니,

若得寂滅 (약득적멸): 만일 적멸을 얻으면

卽得阿耨多羅三藐三菩提 (즉득아뇩다라삼먁삼보리): 아뇩다라삼먁삼보리를 얻으리라.

爾時 梵行長者 (이시 범행장자): 그 때 범행 장자는

聞說是語 (문설시어): 이 말씀을 듣고

而說揭言 (이설게언): 게송으로 말하였다.

名相分別事法 (명상분별사법): 이름과 형상, 분별되는 일, 그러한 작용이 일어나게 된 배경의 근본법, 그 셋과

眞如正妙智 (진여정묘지): '진여'와 〈올바른 지혜〉

及彼成於五 (급피성어오): 그 다섯이 함께 법계에서 운용되고 있음을 이제는 이해가 됩니다.

我今知是法 (아금지시법): 저는 이제 그렇게 알고, 그렇게 믿던 배경의 근본법, 그 3가지가

斷常之所繫 (단상지소계): 〈없는 것이다〉로 알았기에

入於生滅道 (입어생멸도): 〈일어나고 사라지는 생멸의 길〉에 들어가 있었으니

是斷非是常 (견단비시상): 이것은 단견(斷見)이요, 상견이 아님을 알게 되었습니다.

如來說空法 (여래설공법): 그러나 여래께서 공한 법은

遠離於斷常 (원리어단상): 〈없다는 단견〉도 〈있다는 상견〉에서도 멀리 떠나 있사옵니다.

因緣無不生 (인연무불생): 인연은 없는 것이기에, 생하는 것이 아니며

不生故不滅 (불생고불멸): 생하는 것이 아니므로, 멸함도 없습니다.

因緣執爲有 (인연집위유): 인연에 집착하여 있다고 하는 것은

如採空中華 (여채공중화): 마치 허공 속에서 꽃을 따려는 것과 같고

猶取石女子 (유취석여자): 마네킹 여인이 아기를 낳으려고 하는 것과 같아서

畢竟不可得 (필경불가득): 필경에는 얻을 수 없을 것입니다.

離諸因緣取 (이제인연취): 저는 이제 모든 인연을 취하는 것을 떠나고

亦不從他滅 (역부종야멸): 또한 다른 자성이 없기에 사라지는 것들도 따라가지 않습니다.

及於己義大 (급어기의대): 제 자신의 5온 12처 18계와 4대도 따라가지 않으니

依如故得實 (의여고득실): 여여함에 의지해 실상을 얻을 것입니다.

是故眞如法 (시고진여법): 이러므로 '진여'와 '공'의 나의 묘한 지혜의 〈정묘지〉의 법은

常自在如如 (상자재여여): 항상 자재하고, 여여해서

一切諸萬法 (일체제만법): 일체 중생들의 모든 법이

非如識所化 (비여식소화): 여여하지 못하고 식이 변화한 것임을 알기에

離識法卽空 (이식법즉공): 그 '식(識)'을 여의고 모든 법에 '공(空)'하게 되니

故從空處說 (고종공처설): 그러므로 공한 곳에서 말합니다.

滅諸生滅法 (멸제생멸법): 저는 이제 일어나고 사라지는 모든 생멸법을 멸해

而住於涅槃 (이주어열반): 열반에 머물고 싶어도

大悲之所奪 (대비지소탈): 일체 중생들에 대한 큰 슬픔으로 열반에 머물 수가 없어

涅槃滅不住 (열반멸부주): 열반이 사라져서, 그 곳에 머무르지 않겠

습니다.

轉所取能取 (전소취능취): 부처님을 제 자신과 바깥 경계를 모두 바로 인식하게 하시어

入於如來藏 (입어여래장): 저를 여래장에 들어가게 하십니다.

爾時 (이시) 大衆 (대중): 그 때에 대중들이

聞說是義 (문설시의): 이 뜻에 대한 설명을 듣고

皆得正命 (개득정명): 모두 몸을 받아 태어남의 〈바른 천명〉을 얻어

入於如來 (입어여래): 모두 자신의 여래의

如來藏海 (여래장해): 여래 메트릭스의 바다에 들어갈 수 있었다.

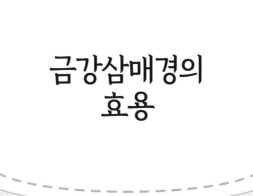

Chapter Five

금강삼매경의
효용

8. 길을 묻는 조상님들과
영혼신들과 일체중생에게 - 지장보살품

지장보살품 8-1

爾時 地藏菩薩 (이시 지장보살): 그 때 지장(地藏) 보살이

從衆中起 (종중중기): 대중 가운데서 일어나

至於佛前 (지어불전): 부처님 앞으로 나와

合掌胡跪 (합장호궤): 합장하고 꿇어앉아

而白佛言 (이백불언): 부처님께 여쭈었다.

尊者 (존자): 세존이시여,

我觀大衆 (아관대중): 제가 사람들을 관찰하여 보니

心有疑事 (심유의사): 마음에 의심 가는 바가 있어서

猶未得決 (유미득결): 아직 (0과 1)이 원융한 해인삼매에 대한 확실
한 결단을 내리지 못한 듯합니다.

今者如來 (금자여래): 이제 여래께서는

欲爲除疑 (욕위제의): 그 의심을 제거하여 주시기를 바라오며

我今爲衆 (아금위중): 저는 이제 대중을 위하여

隨疑所問 (수의소문): 중생들이 의심을 갖고 있는 바를 묻고자합니다.

願佛慈悲 (원불자비): 원하건대 부처님께서는

垂哀聽許 (승애청허): 자비로 불쌍히 여겨 허락하여 주십시오.

佛言 (불언): 부처님께서 말씀하셨다.

菩薩摩訶薩 (보살마하살): 보살마하살이여,

救度衆生 (구도중생): 그대가 이와 같이 중생을 제도하는 것은

是大悲愍 (시대비민): 이것은 중생들에 대하여 큰 사랑함과 불쌍한 마음을 갖고 있기 때문이며

不可思議 (불가사의): 보살의 그 마음은 헤아려 생각하기가 어려운 일이니라.

汝當廣問 (여당광문): 그대는 마땅히 널리 물어라.

爲汝宣說 (위여선설): 내 그대를 위하여 설명하리라.

1.

地藏菩薩言 (지장보살언): 지장 보살이 여쭈었다.

一切諸法 (일체제법): 일체의 모든 사람들이 살아감에 모든 것이 연기법에 의하여 살아간다고 하셨으면서

云何不緣生 (운하불연생): 어찌 지금은 그 '연'이 '연'이 아니라고

하시는 것이옵니까?

爾時 (이시) 如來 (여래): 그 때 여래께서는

欲宣此義 (욕선차의) : 이 뜻을 펴시려고

而說偈言 (이설게언) : 게송으로 말씀하셨다.

若法緣所生 (약법연소생): 만일 '법'이 '연'으로 인하여 생긴다면

離緣可無法 (이연가무법): '연'이 없으면, 법도 있을 수 없다는 소리
일 것이니라.

云何法性無 (운하법성무): 어떤 '법'은 자성(自性)이 없다는 것을 알
았을 것인데

而緣可生法 (이연가생법): 어찌 무슨 '연'이 실체가 있어서, 실체가
없는 법을 일어날 수 있게 하겠는가?

2.
爾時 (이시) 地藏菩薩言 (지장보살언): 그 때 지장 보살이 여쭈었다.

法若無生 (법약무생): 존재하는 법이 만일 고정된 속성이 없이 허깨
비처럼 '생함이 없는 것'이라면

云何說法 (운하설법): 〈여래께서 설하시는 법〉은 어찌 가능한 일이
며.

法從心生 (법종심생): 법이 마음을 따라서 일어난다고 말씀하십

니까?

於是 (어시) 尊者 (존자): 이에 세존께서
而說偈言 (이설게언): 게송으로 말씀하셨다.

是心所生法 (시심소생법): 마음이 일으킨 〈모든 법〉
是法能所取 (시법능소취): 이 법은 능 (나라는 i)과 소 (대상이라는 i)
의 상호 취착이니
如醉眼空華 (여취근공화): 마치 술 취한 눈에 보이는 허공 꽃과 같
은 (-1)이니라.
是法然非彼 (시법연비피): 그렇게 하여 나타났다 사라지는 법은 〈내
가 설하는 법〉과 같지는 않느니라.

3.
爾時 (이시) 地藏菩薩言 (지장보살언): 그 때 지장 보살이 여쭈었다.

法若如是 (법약여시): 부처님께서 법이 만일 그와 같다면
法卽無待 (법즉무대): 조건과 조건이 맞아 떨어져서 나타나는 것이
아니고,
無待之法 (무대지법): 상대가 없는 법이라면
法應自成 (법응자성): 그 성품의 법은 마땅히 저절로 이루어진 것이
라 생각되옵니다.

於是 (어시) 尊者 (존자) 而說偈言 (이설게언): 이에 세존께서 게송으로 말씀하셨다.

法本無有無 (법본무유무): 법은 본래 '있다', '없다'를 떠난 존재이며

自他亦復爾 (자타역부이): '나'도 '남'도 역시 그러하니라.

不始亦不終 (불시역부종): 시작도 없고, 역시 끝도 없는 무시무종(無始無終)의 존재이니

成敗卽不住 (성취즉부주): '이루어진다'거나, '무너진다'에 머물지 않는 것이니라.

4.

爾時 (이시) 地藏菩薩言 (지장보살언): 그 때 지장 보살이 여쭈었다.

一切諸法相 (일체제법상): 일체 모든 법의 상은

卽本涅槃 (근본열반): 그 자체로 본래 열반이며,

涅槃及空相 (열반급공상): 열반과 공상도

亦如是 (역여시): 또한 이와 같다고 하시니,

無是等法 (무시등법): 이러한 모든 법도 그 자체가 원래 없는 것일지니

是法應如 (시법응여): 이 법은 당연히 여여한 것이겠습니다.

佛言 (불언): 부처님께서 말씀하셨다.

無如是法 (무여시법): 그러하니라. 무여의 법은 그 자체가 없는 (i^1, i^2, i^3, i^4......$i^{1000000}$)이기에

是法是如 (시법시여): 이 법만이 여여한 것이니라.

5.
地藏菩薩言 (지장보살언): 지장 보살이 여쭈었다.

不可思議 (불가사의): 불가사의합니다.
如是如相 (여시여상): 이와 같은 여여함의 상은
非共不共 (비공불공): 함께 하는 것도, 함께 하지 않는 것도 아니며,
意取業取 (의취업취): 뜻으로 취득하는 것이나, 업으로 취득하는 것이나
卽皆空寂 (즉개공적): 모두 공적하나니,
空寂心法 (공적심법): 공적한 마음의 법은
俱不可取 (구불가취): 이것으로도 저것으로도 함께 취득할 수 없는 것이므로
亦應寂滅 (역응적멸): 역시 마땅히 적멸한 것이라고 생각되어집니다.

於是 (어시) 尊者 (존자): 그 때 세존께서

而說偈言 (이설게언): 게송으로 말씀하셨다.

一切空寂法 (일체공적접): 일체의 공적(空寂)한 법
是法寂不空 (시법적불공): 이 '법'도 적멸한 것이지만, '공(空)'한 것
은 아니니라.
彼心不空時 (피심불공시): 저 마음이 '공(空)'하지 않고 〈공 속에 묘
유의 작용이 있음〉을 알 때
是得心不有 (시득심불유): 〈공하고 적멸한 마음〉이 따로 존재하는
것이 아니라는 것을 증득할 수 있게 되는 것이니라.

6.
爾時 (이시) 地藏菩薩言 (지장보살언): 그 때 지장 보살이 여쭈었다.

是法 (시법) 非三諦 (비삼제): 이 법은 공상, 공공, 소공의 3제가 아
닌 것 같습니다.
色空心亦滅 (색공심역멸): 〈색(色)도 공(空)하고 심(心)도 멸(滅)〉하여
是法本滅時 (시법본멸시): 이 법도 본래 소멸할 때
是法 (시법) 應是滅 (응시멸): 이 법마저도 마땅히 적멸하는 것입니
까?

於是 (어시) 尊者 (존자): 이에 세존께서
而說偈言 (이설게언): 게송으로 말씀하셨다.

法本無自性 (법본무자성): 법은 본래 자성이 없건만

由彼之所生 (유피지소생): 저것으로 말미암아 생겨난 것이니

不於如是處 (불어여시처): 자성은 어디 장소에 있는 것이 아니며

而有彼如是 (이유피여시): 육신의 나도 성품의 나도 있는 장소가 있는 것이 아니니라.

7.

爾時 (이시) 地藏菩薩言 (지장보살언): 그 때 지장 보살이 여쭈었다.

一切諸法 (일체제법): 일체 모든 법이

無生無滅 (무생무멸): 생김도 없고 소멸함도 없다면

云何不一 (운하불일): 어찌하여 하나가 아니라 합니까?

於是 (어시) 尊者 (존자) 而說揭言 (이설게언): 이에 세존께서 게송으로 말씀하셨다.

法住處無在 (법재처무재): 법은 머물지도 않고 머무는 곳도 없으며

相數空故無 (상수공고무): 방편으로 모습과 숫자로 의미되는 모든 존재라도 공(空)한 것이기에, 없는 것이나니

名說二與法 (명설이여법): 명칭과 설명의 그 두 가지 법은,

是卽能所取 (시즉능소취): 곧 주체인 '능'과 객체인 '소'에.. 깨닫지 못한 중생들의 집착 때문이니라.

8.

爾時 (이시) 地藏菩薩言 (지장보살언): 그 때 지장 보살이 여쭈었다.

一切諸法相 (일체제법상): 일체 모든 법의 모습은

不住於二岸 (부주어이안): 차안에도 피안에도 머물지 않으며,

亦不住中流 (역부주중류): 또한 중간의 흐름에도 머물지 않습니다.

心識亦如是 (심식역여시): 마음과 우리의 인식함도 이러하다면

云何諸境界 (운하제경계): 어찌하여 가지가지의 경계가

從識之所生 (종식지소생): 중생들의 '식(識)'을 따라 생긴 것이라 할 수 있습니까?

若識能有生 (약식능유생): 또 만일 '식(識)'이 경계를 일어나게 하고

是識亦從生 (시식역종생): 식 또한 경계를 따라서 일어나는 것이라면

云何無生識 (운하무생식): 어찌하여 생함이 없는 식이

能生有所生 (능생유소생): 경계를 '생(生)'하게도 하고. 또 경계로부터 생하기도 하는, 능생도 되고 소생도 되는 것입니까?

於是 (어시) 尊者 (존자) 而說偈言 (이설게언): 이에 세존께서 게송으로 말씀하셨다.

所生能生二 (소생능생이): 생긴 것과 자신이 생겼다고 믿는 그 믿음

이 두 가지는 허상이며 허수 (i)이기에

是二能所緣 (시이능소연): 본체로부터 분리된 미혹한 중생과 객체의 허망한 인연(i)이니라

俱本各自無 (구본명자무): 그리하여 인심함도 물질의 이름과 색도 본래 각각의 자성이 없는 것인데

取有空華幻 (취유공화환): 허공의 꽃 같은 환상에 사로 잡혀있을 뿐이니라.

識生於未時 (식생어미시): 식의 생김이 아직 없을 적에는

境不是時生 (경불시시생): 경계도 이때에 일어나지 않고

於境生未時 (어경생미시): 경계가 아직 일어나지 않았을 때는

是時識亦滅 (시시식역멸): 식도 역시 적멸해져 있는 상태이니라.

彼卽本俱無 (피즉본구무): 그것들은 본래 둘 다 없는 것

亦不有無有 (역부유무유): 또한 있다거나 없다거나 할 수 없음이니

無生識亦無 (무생식역무): 생기지 않은 식은 역시 없는 것이니

云何境從有 (운하경종유): 어찌 경계가 그것을 따라 있을 수 있겠는가?

9.

爾時 (이시) 地藏菩薩言 (지장보살언): 그때 지장 보살이 말하였다.

法相如是 (법상시언): 법의 모습은 이와 같아서

內外俱空 (내외구공): 안과 밖이 함께 공하여

境智二衆 (경지이중): '보이는 경계'와 '보는 지혜' 두 가지 '무더기'도

本來寂滅 (본래적멸): 본래 적멸한 것이옵니다.

如來所說實相 (여래소설실상): 그러나 여래께서 말씀하신 실상은

眞空 (진공): 진실로 공한 것이니,

如是之法 (여시지법): 이와 같은 법은

卽非集也 (즉비집야): 어떤 것을 모아서 만든 것이 아니겠습니다.

佛言 (불언) 如是 (여시): 부처님께서 말씀하셨다. 그러하니라.

如實之法 (여실지법): 진실된 법 즉 〈여실지법〉은

無色無住 (무색무주): 물질도 아니고 머무름도 없으며,

非所集 (비소집): 모여지는 대상도 아니고

非能集 (비능집): 모으는 주체도 아니며

非義 (비의): 마음이 일으킨 뜻이나 의미 있음도 아니고

非大 (비대): 몸의 지수화풍 4대(大)도 아닌

一本科法 (일본과법): 〈🙏 그 무심의 1의 자리〉에서의 식(識)법이며

深功德聚 (심공덕취): 깊은 공덕의 '뭉침'이기에 모든 존재에게 작
용함이 있느니라.

10.

地藏菩薩言 (지장보살언): 지장 보살이 여쭈었다.

不可思議 (불가사의): 불가사의하고

不思議聚 (불가의취): 불가사의한 '무더기'입니다.

七五 (칠오) 不生 (불생): 7식과 전5식은 아직 일어나지 않고

八六 (팔육) 寂滅 (적멸): 8식과 6식은 본래 적멸하고,

九相 (구상) 空無 (공무): 9식의 상은 공하여 없을 것입니다.

有空無有 (유공무유): '있음'도 공하여.. 있을 수 없고,

無空無有 (무공무유): '없음'도 공하여.. 있을 수 없으니

如尊者所說 (여존자소설): 세존께서 말씀하신 대로

法義皆空 (법의개공): 법의 뜻이 모두 '공(空)'합니다..

入空無行 (입공무행): 공에 들어갔으나 행함이 없어서

不失諸業 (불실제업): 가지가지의 업을 잃지 않으며

無我我所 (무아아소): '나라는 아'와 '내가 있는 곳이라는 아소'

能所身見 (능소신견): 내 몸과 마음이라는, 즉 이 몸이 나라는 견해
가 없어서

內外結使 (내외결사): 안과 밖의 번뇌가

悉皆寂靜 (실개적멸): 모두 고요해졌으므로

故願亦息 (고원역식): 여러 가지 구하고 바람도 역시 멈추었습니다.

如是理觀 (여시리관): 이와 같이 이치로 '관(觀)'하는 〈리관법〉은

慧定眞如 (혜정진여): '혜'와 '정'이 진실하며 있는 그대로 여여 합
니다.

尊者常說 (존자상설): 세존께서 항상 말씀하시는

寔如空法 (식여공법): 이러한 참된 공한 법〈空法〉은

卽良藥也 (즉량약야): 정말로 모든 중생에게, 몸 가진 중생이나, 몸을 놓은 중생이나 몸 받으려고 하는 중생들 모두에게 아주 훌륭한 약(藥)일 것이옵니다.

佛言 (불언) 如是 (여시): 부처님께서 말씀하셨다. 그러하니라.

何以故(하이고): 왜냐하면
法性空故 (법성공고): 법의 본성이 '공(空)'하기 때문이니라.
空性 (공성) 無生 (무생): '공성'은 일어남이 없는 것이어서
心常無生 (심상무생): 마음도 항상 일어남이 없으며,
空性 (공성) 無滅 (무멸): '공성'은 소멸하는 것도 아니기 때문에
心常無滅 (심상무멸): 마음도 항상 소멸함이 없으며,
空性 (공성) 無住(무주): '공성'은 머무름도 없기 때문에
心亦無住 (심역무주): 마음도 머무름이 없고,
空性 (공성) 無爲 (무위): '공성'은 조작함이 없기 '무위(無爲)'이기 때문에
心亦無爲 (심역무위): 마음도 역시 조작함이 없느니라.
空無出入 (공무출입): '공(空)'은 나가고 들어옴이 없어서
離諸得失 (이제득실): 모든 이해득실을 벗어났으니,
界陰入等 (계음입등): 5음 18계 6입 등 마음의 주체들이 모두 그 실체가 없느니라.
心如不著 (심여부저): 마음이 여여(如如)하여 집착하지 않으면

亦復如是 (역부여시): (공성의 작용) 또한 이와 같으리라.

菩薩 (보살): 보살이여,

我說空法 (아설공법): 내가 '공'을 자꾸 말하는 것은

破諸有故 (파제유고): (중생들의) 어떤 것이 '있다는 견해'를 깨트리기 위함이니라.

11.

地藏菩薩言 (지장보살언) 尊 (존자): 지장 보살이 여쭈었다. 세존이시여,

知有非實 (지유비실): 몸을 놓은 영가들뿐만 아니라, 몸 가진 중생들도 모든 '있다는 것'은 실답지 않은 것이어서

如陽燄水 (여양염수): 아지랑이를 물로 착각하는 것과 같다고 알고,

知實非無 (지실비무): 그렇다고 실함이 없는 것은 아니기에

如火性生 (여화성생): 불의 본성이 그 생함을 드러내지 않는 것같이 알아야 하나니,

如是觀者 (여시관자): 이와 같이 '관(觀)'하면

是人智也 (시입지야): 이 사람은 슬기롭다 하겠습니다.

佛言 (불언) 如是 (여시): 부처님께서 말씀하셨다. 그러하니라.

何以故 (하이고): 왜냐하면

是人 (시인) 眞觀 (진관): 이 사람은 참다운 꿰뚫어 봄으로

觀一寂滅 (관일적멸): 〈일심〉의 적멸을 관찰하되

相與不相 (상여불상): '상(相)'과 '상(相)' 아닌 것을

等以空取 (등이공취): 평등하게 공으로 취하였다 할 것이니라.

空以修空故 (공이수공고): (이 사람은) '공(空)'으로 '공'을 닦으므로

不失見佛 (불실견불): 부처를 보는 데 실패하지 않으며,

以見佛故 (이견불고): 부처를 보기 때문에

不順三流 (불순삼류): 욕망의 흐름/ 있다는 흐름/ 무명에 흘러가는 흐름, 그 세 가지 흐름을 따라가지 않게 되느니라.

於大乘中 (어대승중): 대승 가운데서

三解脫道 (삼해탈도): 공해탈/ 무상해탈 /무작해탈의 3해탈도는

一體無性 (일체무성): 하나의 '체(體)'로 자성이 없는 것이니

以其無性故 (이기무성고) 空(공): 자성이 없기 때문에 '공(空)'하며,

空故 (공고) 無相 (무상): '공(空)'하기 때문에 어떠한 상도 없고,

無相故 (무상고) 無作 (무작): '상(相)'이 없기 때문에 꾸밈을 의도할 필요도 없으며,

無作故 (무작고) 無求 (무구): 꾸밈이 없기 때문에 추구하는 것도 없으며,

無求故 (무구고) 無願 (무원): 추구하는 것이 없기 때문에 원함도 없는 것이 정상이라 할 것입니다.

以是知業故 (이시지업고): 이렇게 '업(業)'을 알기 때문에.

須淨心 (수정심): 반드시 마음을 깨끗하게 할 수 있고

以心淨故 (이심정고): 마음이 깨끗하게 할 수 있기 때문에

便得見佛 (변득견불): 부처를 보게 되며,

以見佛故 (이견불고): 부처를 보기 때문에

當生淨土 (당생정토): 당장 정토(淨土)에 태어나게 되느니라.

菩薩 (보살): 보살아

扵是深法 (어시심법): 이 깊고 깊은 법에서

三化勤修 (삼화근수): 공상, 공공, 소공 그 3공의 변화하는 이치를 부지런히 닦으면

慧定 (혜정) 圓成 (원성): '혜'와 '정'이 원만하게 이루어져서

卽超三界 (즉초삼계): 3계를 뛰어넘게 되느니라.

12.

地藏菩薩言 (지장보살언): 지장 보살이 여쭈었다.

如來所說 (여래소설): 여래께서 말씀하시기를

無生無滅 (무생무멸): '생'함도 없고 '멸'함도 없는 것은

卽是無常 (즉시무상): 바로 "모든 법은 항상 하지 않다."라는 '무상'을 말씀하시는 것이니

滅是生滅 (멸시생멸): 이 생멸(生滅)을 멸하여

生滅滅已 (생멸멸이): 생멸을 멸하고 나면

寂滅 (적멸) 爲常 (위상): 적멸이 항상 하게 되고

常故不斷 (상고부단): 적멸이 항상 하기 때문에 단멸하지 않는다고 하셨습니다.

是不斷法 (시부단법): 이 단멸하지 않는 법은

離諸三界 (이제삼계): 모든 3계의

動不動法 (동불동법): 움직이거나 움직이지 않는 법을 떠나서 있는데

於有爲法 (어유위법): 유위의 법이 (有爲法) 작동되는 세상에서

如避化坑 (여피화갱): 불구덩이 같은 세상사의 어려움을 피해야만 합니다.

依何等法 (의하등법): 어떻게 해야 저들 중생들은 어떠한 법에 의지해서

而自呵責 (이자가책): 스스로 책망하고 경책하며

入彼一門 (입피일문): 저 부처님의 '일문'에 들어서겠습니까?

佛言 (불언) 菩薩 (보살): 부처님께서 말씀하셨다. 보살이여,

於三大事 (어삼대사): 아래 세 가지 중대한 일에 대해서

呵責其心 (가책기심): 그 마음을 꾸짖고 책망할 것이며

於三大諦 (어삼대제): 세 가지 큰 진리로

而入其行 (이입기생): 그 행함으로 부처님의 '일문'에 들어가게 되느니라.

13.

地藏菩薩言 (지장보살언): 지장 보살이 여쭈었다.

云何三事 (운하삼사): 어떠한 것을 세 가지 일로

而責其心 (이책기심): 그 마음을 꾸짖고 책망하는 것이라 하시는 것이고,

云何三諦 (운하삼제): 어떠한 것을 세 가지 진리의

而入一行 (이입일행): 한결같은 행으로 들어가는 것이라고 합니까?

佛言 (불언): 부처님께서 말씀하셨다.

三大事者 (삼대사자): 세 가지 중대한 일이란,

1. 因 (인): 첫째는 인(因)이요,

2. 果 (과): 둘째는 과(果)요,

3. 識 (식): 셋째는 식(識)이니

如是三事 (여시삼사): 이와 같은 세 가지 '사(事)'는

從本空無 (종본공무): 본래부터 공하여

非我眞我 (비아진아): '색의 나'가 '업'에 의해서 지어낸 '착각의 나'이니

云何於是 (운하어시): 어찌 이런 따위에

而生愛染 (이생애염): 애착하고 물드는 마음을 낸다는 말인가?

觀是三事 (관시삼사): 원인 결과 그리고 그 인과에 대한 인식 그 세

가지

爲繫所縛 (위계소박): '사(事)'에 얽매여

飄流苦海 (표류고해): 고해(苦海)에 표류하는 것이니,

以如是事 (이여시사): 이러한 일로

常自呵責 (상자가책): 항상 스스로 꾸짖고 책망해야 하는 것이니라.

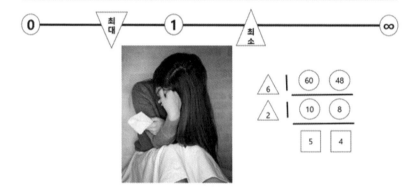

법화경의 화성유품 : 최대 공약수 Vs. 최소 공배수

대학입학시험에서 수학 100점을 받아도, 수학의 노벨상인 필즈상을 받아도, 그들 모두가 수학자가 아니다. 그들 중에는 고급 산수(算數) 기술자들이 많다. 팔만대장경에는 부처님께서 천왕의 질문에 답하신 '수(數)의 경(經)'이 '쌍윳타니카야'에 있다고 이미 말했다. 진정한 수학이란 〈수의 철학〉을 말한다.

초등학교 5학년 과정에 최대공약수와 최소공배수가 나온다. 최대공약수는 두 수의 관계에서 과거 혹은 (1)에서 (0)으로 갈 때, 가장 가까운 1차 정거장을 말한다. 비유하면 두 사람이 만나서 학연 지연 혈연관계를 따지고는 하는데 그것은 두 사람 관계 사이에서 최대 공약수를 구하는 행위이다. 반면에 최소공배수는 자신과 자신의 꿈 혹은 결혼 후 부부가 되었을 때, 혹은 동업을 할 때나 자신과 사회의 관계 더 나아가면 자신과 자신이 속한 회사 등의 생태계의 1:1 관계에서 양측의 공동의 목표를 향한 첫 번째 공통점을 찾는 것이다.

위의 60 과 48의 최대공약수는 세모 표시 두 개의 곱인 12 (6×2)다. 그리고 최소공배수는 세모 2개의 수와 네모 2 개의 수를 모두 곱한 240($6 \times 2 \times 5 \times 4$)이다.

그리고 〈60과 48의 곱하기〉는 〈최대공약수 12 곱하기 최소공배수 240〉는 2880 으로 같은 수가 나온다. 문제인 〈60과 48의 문제〉는 인(因)이다. 답인 〈최대공약수 12, 최소공배수 240〉는 과(果), 그리고 문제와 답을 곱하면 문제가 답이고 답이 문제가 된다. 이렇게 나와 대상과의 관계를 아는 것이 올바른 식(識)이다. 이 최소공약수의 극한인 (0)과 최소공배수의 극한인 (∞)가 결국은 같다! 라는 것이 부처님의 깨달음이었다. 부처님은

(∞)와 (0)이 같은 법계를 확인하신 것이다. 그리고 이것이 작동하는 세계를 여래장(如來藏)이라고 하였으며, 여래장은 영어로 '타타가타(tatagata) 메트릭스(metrix)라 한다. 업의 메트릭스가 아니라, 여래의 메트릭스이다. 우리의 내면 부처가 드디어 금생의 몸받아 나온 이유를 알고 첫 시작을 하기 위한 기지개를 켜는 것이다.

지장보살품 8-2

三大諦者 (삼대제자): 세 가지 중대한 진리란,

1.

菩提之道 (보살지도): 첫째는 〈0과 1의 원융함으로 사는 보살의 도〉이니,

是平等諦 (시평등제): 이것은 평등한 진리이지,

非不平等諦 (비불평등제): 불평등한 진리가 아니니라.

2.

大覺 (대각): 둘째는 〈큰 깨달음〉이니

正智得諦 (정지득제): '공의 나'의 지혜로 얻는 진리이지,

非邪智得諦 (비사지득제): 삿된 '색의 나'의 지혜로 얻는 진리가 아니니라.

3.

慧定 (혜정): 셋째는 〈혜와 정〉이니, 반드시 '혜'가 먼저이니라.

無異行入諦 (무이행입제): '혜'란 〈1의 나와 0의 나〉가 다름이 없는 행'으로 들어가는 진리이며

非雜行入諦 (비잡행입제): 〈계산으로 만든 0의 나의 행〉으로 들어가는 진리가 아니니라.

以是三諦 (이시삼제): 이 세 가지 진리로써

而修佛道 (이수불도): 부처의 길을 닦으면,

是人於是法 (시인어시법): 이 사람은 이 법에서

無不得正覺 (무부득정각): 바른 깨달음인 정각(正覺)을 얻지 못할 리가 없으리라.

得正覺智 (득정각지): 바른 깨달음의 지혜를 얻어서

流大極慈 (유대극자): 위대하고 지극한 자비를 펼치게 될 것이니

己他俱利 (기타구리): 자신과 남을 함께 이롭게 하여,

成佛菩提 (성불보살): 부처의 깨달음을 성취하게 되느니라.

4.

地藏菩薩言 (지장보살언): 지장 보살이 여쭈었다.

尊者 (세존): 세존이시여,

如是之法 (여시지법): 이와 같은 '법'은

卽無因緣 (즉무인연): '인' 과 '연'이 없는 '법'이옵니다.

若無緣法 (약무연법): 만일 '연(緣)'이 없는 법'일 것 같으면

因卽不起 (인즉불기): '인(因)'이 일어나지 않을 것인데,

云何不動法 (운하부동법): 어떻게 움직이지 않는 '법'으로

得入如來 (득입여래): 여래에 들어갈 수 있는 것입니까?

爾時如來 (이시여래): 그 때 여래께서는

欲宣此義 (욕선차의): 이 뜻을 펴시려고

而說偈言 (이설게언): 게송으로 말씀하셨다.

一切諸法相 (일체제법상): 일체 모든 법의 모습은

性空無不動 (성공무부동): 자성이 공하여 움직이지 않나니

是法於是時 (시법어시시): 이 법은 〈특별한 지금〉에 있더라도

不於是時起 (불어시시기): 바라고 원하는 그 〈지금〉에 일어나는 것
이 아니니라.

法無有異時 (법무유이시): 그러나 여래 메트릭스의 법에는 〈다른
때〉라고 따로 없으나

不於異時起 (불어이시기): 〈다른 때〉에 일어나는 것도 아니니

法無動不動 (법무동부동): 그 때 법은 움직임도 움직이지 않음도
없어

性空故寂滅 (성공고적멸): 자성이 공적하기에, 여래장 메트릭스 법
도 적멸함이 맞느니라.

性空寂滅時 (성공적멸시): 그러나 자성이 공하고 적멸할 때!

是法 (시법) 是時現 (시시현): 이 법은 〈그 때〉에 나타나나니

離相故 (이상고) 寂住 (적주): '상(相)'을 여읜 까닭에 고요히 머물고

寂住故 (적주고) 不緣 (불연): 고요히 머물기에 기존 메트릭스의 '연'을 따르지는 않느니라.

是諸緣起法 (시제연기법): 그리하여 이 모든 '연'으로 일어나는 법은

是法 (시법) 緣不生 (연불생): '연'이 일어나되 일어나지 않는 것과 같으니라

因緣生滅無 (인연생멸무): 그렇게 인연은 생하고 없어짐이 없으므로

生滅性空寂 (생멸성공적): 생하고 없어짐의 자성은 본래 허공처럼 공적한 것이로다.

緣性能所緣 (연성능소연): '연'의 자성인 시작하는 연인 능연과 반연하는 연인 소연은

是緣本緣起 (시연본연기): 이 '연'은 본래 '연'으로 생기한 것이기는 하나

故法起非緣 (고법기비연): 그 둘을 이어주는 '여래 메트릭스 법의 일어남'은 '연'이 아니기에

緣無起亦爾 (연무기역이): 연이 있더라도 '연이 일어나지 않음'과 같다고 하는 것이니라.

因緣所生法 (인연소생법): 인연에 의해서 일어나는 법은

是法 (시법) 是因緣 (시인연): 이 법이 인연이지만

因緣生滅相 (인연생멸상): 인연의 '생기고 없어짐'의 모습은

彼卽無生滅 (피즉무생멸): 저 '생기고 없어짐' 자체가 사실은 본래 없는 것이며

彼如眞實相 (피여진실상): 저 진여 매트릭스의 참다운 실상은

本不於出沒 (본불어출몰): 서로 당기는 그 마음이 본래 출몰하는 것은 아니듯이

諸法於是時 (제법어시시): 모든 법은 (시각 상태의) '이 때'에 있으면서

自生於出沒 (자생어출몰): 작용이 일어날 때면 스스로 출몰하는 것이로다.

是故極淨本 (시고극정본): 이러므로 지극히 청정한 여래 메트릭스의 근원은

本不因衆力 (본불인중력): 본래 여러 힘 때문에 연유하는 것이 아니니

卽於後得處 (즉어후득처): 일체 중생을 구하고자 하는 원의 필요를 충족하기 위한 나중에 생기는 지혜이지만

得彼於本得 (득피어본득): 그 지혜가 '새로 얻은 것'이 아닌, 네게 '본래 있던 지혜'임을 알게 되느니라.

爾時 (이시) 地藏菩薩 (지장보살): 그 때 지장 보살은

聞佛所說 (문불소설): 부처님께서 말씀하신 것을 듣고

心地 (심지) 快然 (쾌연): 마음자리가 상쾌해졌고,

時諸衆等 (시제중등): 이 때 대중들도

無有疑者 (무유의자): 의심하는 자가 없었다.

知衆心已 (지중심이): 그는 대중들의 마음을 알고 나서

而說偈言 (이설게언): 게송으로 말씀을 올렸다.

我知衆心疑 (아지중심의): 저는 대중들의 마음속의 의심을 알았기에

所以慇懃問 (소이은고문): 간절하게 질문을 하였더니

如來 (여래) 大慈善 (대자선): 여래께서는 대비와 선심으로

分別無有餘 (분별무유여): 분별이 남긴 의심을 다 없애주시었네.

是諸二衆等 (시제이중등): 이 모든 2부 대중들은

皆悉得明了 (개실득명료): 모두 분명하게 깨달았으니

我今於了處 (아금어료처): 저는 이제 깨달은 곳에서

普化諸衆生 (보화제중생): 모든 중생을 두루 교화하겠습니다.

如佛之大悲 (여불지대비): 부처님의 크신 사랑으로

不捨於本願 (불사어본원): 본래의 서원을 버리지 않고.

故於一子地 (고어일자지): 그러므로 저는 부처님의 하나뿐인 아들이 사는 땅이라 여기며

而住於煩惱 (이주어번뇌): 번뇌의 땅에 중생들과 함께 머무르렵니다.

9. 이 경을 만나 삶에 활용하고 전하는 사람의 지경공덕품 - (持經功德品)

이時 (이시) 如來 (여래): 그 때 여래께서

而告衆言 (이고중언): 대중들에게 말씀하셨다.

是菩薩者 (시보살자): 이 지장보살은

不可思議 (불가사의): 참으로 불가사의한 보살이구나.

恒以大悲 (항이대비): 항상 큰 연민의 마음으로

拔衆生苦 (발중생고): 중생의 괴로움을 뽑아 주려고 하는 원을 세웠구나.

若有衆生 (약유중생): 만일 어떤 중생이

持是經法 (지시경법): 이 경전의 가르침을 받아 지니거나

持是菩薩名者 (지시보살명자): 이 지장 보살의 이름을 지니면

卽不墮於惡趣 (즉불타어악취): 스스로를 좋지 않게 할 구덩이에 떨어지지 않고,

一切障難 (일체장난): 일체의 장애와 액난 등이

皆悉除滅 (개실제멸): 그에게서 사라지게 되리라.

若有衆生 (약유중생): 만일 어떤 중생이

無餘雜念 (무제잡념): 다른 잡념 없이

專念是經 (전념시경): 일심으로 이 『금강삼매경』을 탐구하면서,

如法修習 (여법수습): 〈0의 나가 1의 나를 0과 1〉이 원융한 나와 합일시키려고 하는 법대로 여법하게 닦아 익혀가노라면

爾時菩薩 (이시보살): 그 때 이 지장 보살은

常作化身 (당작화신): 항상 그 중생에게 맞는 화신을 나투어

而爲說法 (이위설법): 그를 위해 법을 인연으로, 환경으로, 설하여 주고

擁護是人 (옹호시인): 이 사람을 옹호해주기를

終不暫捨 (종불잠사): 끝끝내 잠시도 버리지 않으며,

令是人等 (영시인등): 이 『금강삼매경』 수지인들이

速得 (속득): 빨리

阿耨多羅三藐三菩提 (아뇩다라삼막삼보리): 아뇩다라삼막삼보리를 얻게 하리라.

汝等菩薩 (여등보살): 너희들 다른 보살도,

若化衆生 (약화중생): 만일 중생을 정말 제대로 교화하고자 한다면

皆令修習 (개령수습): 모두 이 지장 보살의 가르침을 잘 배우고 익혀

如是大乘 (여시대승): 이와 같은 〈공의 작용하는 힘〉인 대승의

決定了義 (결정료의): 〈결정하는 힘〉의 결정력을 득할지어다.

爾時阿難 (이시아난): 그 때 아난이

從座而起 (종좌이기): 자리에서 일어나

前白佛言 (전백불언): 부처님 앞에서 여쭈었다.

如來所說 (여래소설): 여래께서 말씀하신

大乘福聚 (대승복취): '대승의 복덩어리- 공의 나의 엄청난 능력이 갖는 힘'은

決定斷結 (결정단결): '업의 그물'을 끊고, 새로이 천명을 받드는 입명(立命)을 하게되어 '자신이 삶을 결정하는 힘'이며

無生覺利 (무생각리): 〈생(生)이 생(生)이 아님〉을 깨닫는 이익을 갖게 되나니

不可思議 (불가사의): 불가사의할 뿐이옵니다.

如是之法 (여시지법): 이와 같은 법은

名爲何經 (명위하경): 무슨 '경(經)'이라고 불러야 하며,

受持是經 (수지시경): 이 경전을 받아 생활에 지니면

得幾所福 (득기소복): 얼마만한 복을 얻겠습니까?

願佛慈悲 (원불자비): 원컨대 부처님께서는 자비로써

爲我宣說 (위아선설): 저희들을 위해 말씀하여 주십시오.

佛言 (불언): 부처님께서 말씀하셨다.

善男子 (선남자): 선남자여,

是經名者 (시경명자): 이 '경(經)'의 이름은

不可思議 (불가사의): 불가사의 하느니라.

過去諸佛 (과거제불): 과거에 모든 부처님께서

之所護念 (지소호념): 보호하고 생각하신 것이며

能入如來 (능입여래): 능히 여래의 일체지(一切智)의 바다에

一切智海 (일체지해): 들어갈 수 있게 하는 '경(經)'이니라.

若有衆生 (약유중생): 만일 어떤 중생이

持是經者 (지시경자): 이 경전을 자신의 생활에 지니면

卽於一切經中 (즉어일체경): 일체의 경전 속에서

無所希求 (무소희구): 바라거나 찾을 것이 없어지며 모든 것을 구할
수 있느니라.

是經典法 (시경전법): 왜냐하면 이 경전의 법은

摠持衆法 (총지중생): 가지가지 많은 법을 모두 지니고 있으며,

攝諸經要 (섭제경요): 모든 『팔만대장경』의 핵심요지를 모두 포용
하고 있으며

是諸經法 (시제경법): 모든 경전의 가르침을

法之繫宗 (법지계종): 이 가르침의 법의 핵심으로 묶은 것이니라.

是經名者 (시경명자): 이 경전의 이름은

名攝大乘經 (명섭대승경): 모든 대승의 가르침을 통섭한다고 하여 대승의 모든 가르침을 다 포함하고 있으며

又名金剛三昧 (우명금강삼매): 또한 빛나는 지혜와 견고한 확신의 깨달음으로 밝게 본다고 하여 '금강삼매(金剛三昧)'라고도 부르며,

又名無量義宗 (우명무량의종): 또한 법계의 모든 존재의 실상을 그 근기(根氣)에 따라 무량한 의도와 방법으로 이끈다고 하여 '무량의종'(無量義宗)이라도 부르느니라.

若有人 (약유인): 만일 어떠한 사람이

受持是經典者 (수지시경전자): 이 경전을 받아 지니면

卽名受持 (즉명수지): 수십만의 가지가지의 부처님을

百千諸佛 (백천제불): 받아들여 모시는 것이라 말할 수 있는 것이니라.

如是功德 (여시공덕): 이러한 공덕은

譬如虛空 (비여허공): 비유하자면 허공처럼

無有邊際 (무유변제): 끝도 없이 그 한계가 없어서

不可思議 (불가사의): 도저히 중생들의 생각으로는 헤아릴 수 없게 되느니라.

我所囑累 (아소촉루): 그리하여 내가 부촉할 것은

唯是經典 (유시경전): 오직 이 경전뿐이니라.

阿難言 (아난언): 아난이 여쭈었다.

云何心行 (운하심행): 저희들은 어떻게 마음의 행로를 놓고 살아가야하며

云何人者 (운하인자): 그리고 도대체 이 가르침과 어떠한 인연의 사람과 신들이

受持是經 (수지시경): 이 경전을 받아 지니게 되는 것입니까?

佛言 (불언): 부처님께서 말씀하셨다.

善男子 (선남자): 선남자여,

受持是經者 (수지시경자): 이 경전과 인연이 되어 이 경을 받아 지니게 되면 그 공덕으로

是人 (시인): 그렇게 이 (0)의 나로 살아야 한다는 가르침을 수지하게 되는 사람은

心無得失 (심무득실): 마음에 무엇을 얻고 잃음이 없으며,

常修梵行 (상수법행): 항상 존재의 실상을 아는 자들의 행인 범행 (梵行)을 닦느니라.

若於戲論 (약어희론): 현상세계에서 희론(戲論)을 하며 살더라도

常樂靜心 (상락정심): 항상 현상에 오염되지 않은 청정한 마음으로 즐기며,

入於聚落 (입어취락): 세상속에 들어가 사람들과 어울리더라도

心常在定 (심상재정): 그 마음은 현상세계에 휘둘리는 들뜸이 아니라 항상 '정(定)'에 있으며,

若處居家 (약처거가): 출가하지 않고 거사, 처사, 재가여인으로 머

물러도

不著三有 (부착삼유): 3유(有)에 집착해 유병(有病)에 걸리지 않느니라.

是人現世 (시인현세): 이 사람은 현세에

有五種福 (유호종복): 다섯 종류의 복(福)이 함께 더불어 있으리니,

1. 衆所尊敬 (중소존경): 첫째는 대중들의 존경을 받으며,

2. 身不橫夭 (신불횡요): 둘째는 몸으로는 횡액과 요절하는 일이 없으며,

3. 辯答邪論 (변답사론): 셋째는 삿된 이론을 잘 변별하여 대답하고,

4. 樂度衆生 (낙도중생): 넷째는 기꺼이 중생을 제도하며,

5. 能入聖道 (능입성도): 다섯째는 능히 성스러운 길에 들어갈 수 있느니라.

如是人者 (여시입자): 이렇게 될 인연이 있는 사람들이

受持是經 (수지시경): 이 경전을 받아 마음에 지니게 되느니라.

如是人者 (여시입자): 이렇게 될 인연이 있는 사람들이

受持是經 (수지시경): 이 경전을 받아 그 생활이 '습(習)'이 되느니라.

阿難言 (아난언): 아난이 여쭈었다.

如彼人者 (여피입자): 그러한 사람은

度諸衆生 (도제중생): 모든 중생을 제도할 때에도

得受供養不 (득수공양불): 법계의 일체 제불 보살님 및 천신, 용신, 산신 등의 모든 신들의 공양을 받게 되는 것입니까? 그렇지 않습니까?

佛言 (불언): 부처님께서 말씀하셨다.

如是人者 (여시입자): 이러한 경전을 받아 공부해 지니는 사람은

能爲衆生 (능위중생): 일체 중생들을 위하여

作大福田 (작대복전): 큰 복밭이 될 수 있으며,

常行大智 (상생대지): 항상 위대한 지혜를 실행하면서

權實俱演 (권실구연): '방편'과 '실제 진여'를 함께 연출하리니

是四依僧 (시사의승): 이러한 사람은 중생들에게 신뢰를 받아서 중생들의 의지의 대상이 되는 4의승(依僧)중 하나인 모든 것을 〈의지할 수 있는 스승〉이 될 터인데

於諸供養 (어제공양): 가지가지의 공양

乃至頭目髓腦 (내지두목수뇌): 내지 머리, 눈, 골수까지도

亦皆得受 (역개득수): 역시 다 받을 수 있을 것인데

何況衣食 (하황의식): 하물며 옷과 음식 따위를

而不得受 (이부득수): 공양 받지 못하겠는가?

善男子 (선남자): 선남자여,

如是人者 (여시입자): 이러한 사람은

是汝橋梁 (시여교량): 너를 이쪽 세계에서 저쪽 세계로 건너 줄 교량이 될 터인데

何況凡夫 (아황범부): 어찌 하물며 범부들이

而不供養 (이불공양): 이 경전을 수지하는 사람들을 공양하지 않겠는가?

阿難言 (아난언): 아난이 여쭈었다.

於彼人所 (어피입소): 이 경전을 몸과 마음과 행으로 수지하고 있는

受持是經 (수지시경): 그런 사람들이 있는 곳에서

供養是人 (공양시인): 그런 사람들에게 공양을 올리면

得幾所福 (득기소복): 얼마만한 복(福)을 얻겠습니까?

佛言 (불언): 부처님께서 말씀하셨다.

若復有人 (약부유인): 만일 어떠한 사람이

持以滿城金銀 (지이만성금은): 금과 은으로 성을 가득 채워서

而以布施 (이이시시): 그렇게 보시하더라도

不如於是人所 (불여시시인소): 그런 사람들이 있는 곳에서

受持是經 (수지시경): 이 『금강삼매경』에서 하나의 4구게(句偈)를

一四句偈 (일사구게): 받아 지니는 것만 못하리니,

供養是人 (공양시인): 이 경전과 인연이 있어 받아 수지한 사람에게 공양하는 것은

不可思議 (불가사의): 불가사의한 복이 있게 되느니라.

善男子 (선남자): 선남자여,
令諸衆生 (영제중생): 모든 중생들이
持是經者 (지시경자): 이 경전을 지니게 해서
心常在定 (심상재정): 사람들 마음이 항상 정(定)에 있게 하여
不失本心 (불실본심): 본심(本心)을 잃지 않게 해야 하느니라.

若失本心 (약실본심): 설사 본심을 잃는 경우가 생기면
卽當懺悔 (즉당참회): 마땅히 바로 참회할 것이니.
懺悔之法 (참회지법): 참회의 법도는
是爲淸凉 (시위청량): 모든 죄와 업을 맑히고 시원하게 씻어야 할 참회법이니라.

阿難言 (아난언): 아난이 여쭈었다.
懺悔先罪 (참회선죄): 법계의 살림살이의 바른 이치를 알지 못해, 지난 세월 동안 깜깜한 중생으로 앞서의 죄를 참회하면
不入於過去也 (불입어과거야): 앞서서 지은 죄는 과거로 돌아가, 사라지게 된다는 말씀인가요?

佛言 (불언) 如是 (여시): 부처님께서 말씀하셨다. 그러하니라.
猶如暗室 (유여암실): 마치 과거 오랫동안 어두운 방이었을지라도

若遇明燈 (약우명등): 만약에 밝은 등을 켜게 되면

暗卽滅矣 (암즉멸의): 어둠은 바로 없어지는 것과 같으니라.

善男子 (선남자): 그러나 선남자여, 주객이 전도된 전도망상의 1의 나만으로

無說悔先 (무설회선): 앞서 지은 모든 죄를

所有諸罪 (소유제죄): 참회한다고 말했다고 해서

而以爲說 (이이위설): 과거로 돌아가 앞서 지은 모든 죄가

入於過去 (입어과거): 없어진다고 말하는 것은 아니니라.

阿難言 (아난언): 아난이 여쭈었다.

云何名爲懺悔 (운하명위참회): 그럼 어떻게 하는 것을 진정한 참회라 합니까?

佛言 (불언): 부처님께서 말씀하셨다.

依此經敎 (의차경교): 이 경전의 가르침에 의거하여

入眞實觀 (입진실관): 허망한 생각과 상인 (✿)의 돌고 돎을 넘어 (卐)로 들어가야 참회가 되는 것이니

一入觀時 (일입관시): 한 번 들어가 '관(觀)' 할 때에

諸罪 (제죄실멸): 모든 죄가 없어지고

離諸惡趣 (이제악취): 모든 악취(惡趣)를 떠나

當生淨土 (당생정토): 즉시 마음에 정토(淨土)가 일어나서

速成 (속성): 속히

阿耨多羅三藐三菩提 (아뇩다라삼먁삼보리): 아뇩다라삼먁삼보리를 성취할 것이니라.

佛說是經已 (불설시경이): 부처님께서 이 경을 말씀하시기를 마치시자

爾時阿難 (이시아난): 이때 아난과

及諸菩薩 (급제보살): 모든 보살들,

四部大衆 (사부대중): 그리고 남녀 스님들과 남녀 재가자들 모든 사부대중들은

皆大歡喜 (개대환희): 모두 크게 기뻐하면서

心得決定 (심득결정): 마음이 (1)의 나에게 〈끌려가는 삶〉을 벗어나 (0과 1)이 원융해진 나가 이끄는 〈삶을 결정하는 힘〉을 얻게 되었다.

頂禮佛足 (정례불족): 그들은 모두 이마를 조아려 부처님의 발에 예배하며

歡喜奉行 (환희봉행): 환희하면서『금강삼매경』을 받들어 행하였다.

금강삼매경 소(疏)

2023년 8월 20일 초판 1쇄 발행

지은이　　우승택
펴낸이　　이규만
디자인　　B&D
펴낸곳　　불교시대사

출판등록　　1991년 3월 20일 제300-1991-27호
주소　　(우)03149 서울시 종로구 인사동 7길 12 백상빌딩 1305호
전화　　02 · 730 · 2500
팩스　　02 · 723 · 5961
이메일　　kyoon1003@hanmail.net

ISBN 978-89-8002-180-2　　03220